LA GUERRE

D'ORIENT

RACONTÉE

AUX FEMMES

PAR

Mad^e DE B.....

Dieu et patrie !..

Vendu au profit des soldats blessés.

PARIS

PÉRISSE FRÈRES, LIBRAIRES

RUE SAINT-SULPICE, 18.

1856

LA GUERRE D'ORIENT

RACONTÉE

AUX FEMMES.

Paris. — Typ. Nouv. — V. de Surcy, rue de Sèvres, 37

LA GUERRE

D'ORIENT

RACONTÉE

AUX FEMMES

PAR

Mad DE B....

Dieu et patrie !..

Vendu au profit des soldats blessés.

PARIS

CHEZ TOUS LES LIBRAIRES

1856

PROLOGUE.

—

C'était un beau jour que celui de la fête de Saint-Louis-de-Gonzague, pour les jeunes novices de l'ordre de C...

Levées dès l'aurore, elles étaient à leur chapelle située au milieu d'un magnifique jardin dont les plantes odorantes mêlaient leur parfum à l'encens de l'autel. Des flots de soleil passaient par les portes grandes ouvertes. L'orgue priait et bénissait en rendant une impression inspirée dont la

suave mélodie parlait d'amour, d'espérance et de foi. Aussitôt l'office terminé, les
novices défilèrent lentement sous une
longue avenue de tilleuls. En apercevant
leurs blanches coiffures enflées par la
brise, l'on eût dit des voiles de barques en
partance pour le ciel...

Les religieuses venaient ensuite et la
marche se trouvait fermée par la supérieure dont la physionomie douce et grave
inspirait affection et respect. La mère
Thérèse était, en effet, une de ces natures
que l'on comprend tout de suite et que l'on
aime déjà — elle était Chrétienne et Bretonne — sa jeunesse avait été austère. Or-
pheline à quinze ans, elle était néanmoins
l'aînée de trois frères, dont le dernier,
pauvre enfant maladif, avait coûté, en
naissant, la vie à sa mère. La première
fois que les lèvres de l'innocent bé-
gayèrent un mot, elles murmurèrent

celui de maman en embrassant sa sœur. C'était en effet bien naturel que le petit Michel pût s'y tromper; car Dieu illumina le cœur de cette sainte fille d'un rayon d'amour maternel; elle comprit, elle aima le devoir sérieux qui lui était imposé, mais hélas! elle n'en connut que trop tôt les douleurs — Michel alla rejoindre sa mère.

La pauvre Thérèse donnant la main à ses deux autres frères, avait un jour suivi le petit cercueil. De retour au logis elle se jeta aux pieds de son crucifix, elle y pleura ces larmes amères, mais saintes, qui ne font point oublier le devoir; aussi se releva-t-elle au souvenir des dernières paroles de sa mère... — Veille sur eux!.. — Elle avait encore deux enfants, Edmond et Yvon.

A dater de ce moment les journées de Thérèse devinrent laborieuses; ses solides connaissances la mirent à même de coumencer l'éducation de ses frères. Le soir à la veillée elle leur parlait de leurs parents morts en les entretenant de vieilles traditions d'honneur et de vertu.

Pendant ce temps les jeunes gens grandissaient ; aussi fallut-il penser à préparer leur avenir, car ils voulaient être marins comme l'avait été leur père.

Un jour ils partirent tous les trois pour Lorient, et Thérèse les yeux rouges et le cœur bien gros, dit au directeur de l'école navale : « Je vous amène mes frères, ce sont des orphelins. »

Revenue seule dans sa demeure déserte, elle put alors s'adonner aux exercices de piété qui de tout temps avaient été sa plus douce cnosolation.

Chaque mois elle allait à Lorient. Elle consacrait le reste de son temps à la prière et aux bonnes œuvres.

Plusieurs années s'écoulèrent ainsi et

un matin Thérèse, de sa fenêtre, put apercevoir deux beaux jeunes hommes que chacun saluait avec affection.—En un instant, elle fut au seuil de la maison paternelle pour y recevoir ses deux frères qui arrivaient avec de belles aiguillettes. — Ils étaient aspirants de marine.

Le vieux Curé qui les avait baptisés vint se réjouir avec eux et écouter ces mille détails, que Thérèse redemandait encore.— Le soir, assis à la table de famille, les jeunes marins racontaient les incidents de leur premier voyage ; ils parlaient de leur court passé et s'élançaient surtout vers cet avenir qui, dans la jeunesse, ne s'appelle qu'espérance.—La mobile physionomie de Thérèse suivait toutes les phases de la pensée de ses frères. — Un peintre eût été heureux de saisir l'expression d'intelligence qui brillait dans ses grands yeux noirs. — On eût pu faire en effet un ravissant tableau de la charmante figure de notre Bretonne, mais elle attachait elle-même si peu d'inportance à ces sortes d'avantages, que les autres s'étaient accoutumés à ne parler guère que de ses vertus.

A la fin du repas de famille préparé en l'honneur du retour des jeunes marins, Thérèse leur dit : « Mes petits frères, maintenant vous êtes devenus des hommes et j'ai achevé la mission qu'à son lit de mort notre mère m'avait confiée; dans le ciel notre père nous bénit, car vous êtes honnêtes et braves, vous avez adopté sa devise et comme lui vous dites : Mon Dieu et mon Pays. Ces sentiments, je l'espère, seront toujours les vôtres ; mais si jamais les dissipations de la vie vous faisaient oublier les enseignements paternels, venez près de votre sœur qui vous les rappellera, près de votre Thérèse, dont vous serez à jamais l'unique tendresse ici-bas. Car aujourd'hui je vous demande l'autorisation de suivre le vœu de mon cœur et de me consacrer à Dieu en vivant avec quelques femmes qui comme moi ont le désir de servir le Seigneur et de se dévouer à leurs semblables. La modeste habitation de nos parents, que depuis longtemps vous m'avez abandonnée est la seule part d'héritage que je désire conserver.

—Ma sœur, répondit le fils aîné, vous savez que depuis notre enfance nous vous avons toujours considérée comme étant une sainte du bon Dieu, c'est sans doute lui qui vous inspire votre résolution. Nous saurons donc nous y soumettre et notre consolation sera de penser que dans la maison autrefois habitée par notre mère, l'on priera encore souvent pour les pauvres marins.

Le lendemain les deux jeunes gens partirent pour Brest. Thérèse exécuta son projet de retraite et au jour où nous le prenons, 21 juin 1854 ; il y avait dix années qu'elle et ses compagnes avaient pris le voile des épouses du Seigneur.

L'exemple de leurs vertus avait attiré autour d'elles un grand nombre de postulantes. — Un nouvel ordre de religieuses avait été admis dans l'Église de Dieu.— L'humble maison que nous connaissons avait été agrandie, notre chère Bretonne s'était choisie pour cellule la chambre autrefois habitée par sa mère.

La sainteté et les rares capacités de la Révérende Thérèse l'avaient désignée au choix de ses sœurs qui l'avaient nommée supérieure générale. Le but de leur ordre était de travailler à la vigne du Seigneur, en prenant pour devise ; Charité et Miséricorde.

La digne fondatrice avait une haute idée

de l'état religieux, aussi prolongeait- elle le temps du noviciat en perfectionnant les offrandes destinées au Seigneur. Elle cultivait avec grand soin l'esprit de ses élèves, trouvant que le plus beau spectacle de ce monde est de voir l'intelligence se prosterner devant son créateur ; seulement elle imitait le sage jardinier, qui n'agit pas de même à l'égard de chacune de ses plantes. Il émonde les unes tandis qu'il développe les autres, mais il sait que pour toutes il faut la rosée du ciel....

La supérieure respectait tous les dons de Dieu. Le sentiment musical, dans un être humain, lui faisait l'effet d'une harpe éolienne, placée là par Dieu, pour préluder dès-ici-bas à la céleste symphonie des anges, exécutant à tout jamais leur éternel Alleluia !

Les sœurs de la mère Thérèse étaient envoyées dans les hospices, dans les crèches, dans les asiles, partout enfin où se rencontrent la faiblesse et les larmes.

Le jour de la Saint-Louis-de-Gonzague, elle réunissait autour d'elle son troupeau dispersé.—Cet anniversaire était une fête de famille.—Les mères et les sœurs des religieuses y étaient conviées; elles se réunissaient dans la salle du noviciat dont l'aspect joyeux présentait, ce jour-là le spectacle animé d'une ruche en émoi.

C'est qu'en effet les novices étaient bien affairées: les unes grimpant sur des échelles, achevaient le dôme de feuillage destiné à recevoir la statue de leur révéré patron, le bienheureux Louis-de-Gonzague. D'autres entouraient de fleurs les portraits des religieuses, qui, en montant au ciel, avaient laissé, comme héritage à leurs sœurs, des exemples de grandes vertus. Enfin chaque novice se hâtait, se pressait et surtout jasait et babillait, comme si elle eût voulu, en ce seul jour de fête, solder tout l'arriéré, que le silence ordinaire de la règle, faisait peser sur sa langue féminine.

Cette année 1854, la mère Thérèse se rendit à sa place accoutumée qui se trouvait au haut de la longue salle.—A sa droite et à sa gauche il y avait des siéges destinés aux femmes du monde.—En face de leurs mères se plaçaient les novices. Chacune alors se disposait à écouter les récits que d'ordinaire, la supérieure faisait à pareille époque.

Elle racontait quelque beau trait tiré des annales de la propagation de la foi, ou bien elle répétait de vieilles légendes bretonnes, et au jour où nous commençons ce récit elle parlait de ce joli temps où toutes les grandes dames de France filaient, pour payer la rançon de Dusguesclin prisonnier.

Lorsqu'elle eût achevé son histoire, une

des dames en visite au noviciat lui dit :
Mère Thérèse, parlez-nous aussi un peu de
notre époque — Entretenez-nous, je vous
en supplie, de l'expédition de la Crimée ;
racontez-nous simplement les principaux
faits, car les lettres continuelles de vos frères vous tiennent au courant de tous les
événements.

La religieuse voulut prétexter de son
ignorance ; mais sa voix se trouva couverte
par de si pressantes sollicitations, que
bientôt sa modestie ne put plus se faire
entendre. Elle était déjà à moitié vaincue,
lorsqu'une femme s'écria : Mère Thérèse,
j'ai mon fils à Gallipoli.....

CHAPITRE PREMIER.

—

Les Romanoff. — Mission du prince Menschikoff. — Préliminaires de guerre.

Je comprends, Mesdames, dit la supérieure, qu'un seul récit peut être intéressant aujourd'hui. Vous me parlez de vos fils, et je pense à mes frères ; la guerre d'Orient est donc pour nous une relation de famille. De plus, je vous avouerai que lorsqu'il s'agit de l'honneur de la France et du sang de mes compatriotes, mon cœur ému éprouve le besoin de savoir. J'ai donc souvent réfléchi aux événements que nous voyons s'accomplir et même j'ai déjà pensé à en grouper les principaux faits, afin d'en faire part à mes filles, car je trouve notre temps fécond en bons et nobles enseignements. Aujourd'hui vous insistez pour que je vous fasse un récit, qui est bien peu à ma portée, car je suis plus à même de pleurer les effets que d'expliquer les causes ; mais puisque vous le voulez, je mettrai au moins de la bonne volonté à vous raconter ce que j'ai appris.

La Russie, puissance ambitieuse et lente dans l'exécution de ses projets de conquête, avait depuis plus d'un siècle les yeux constamment fixés sur la capitale de la Turquie.

Un empereur moscovite, Pierre Ier, avait dans son testament, écrit des paroles que mes souvenirs de lectures me mettent à même de vous redire en ce moment : « S'approcher le plus près possible de Constantinople et des Indes, celui qui y régnera sera le roi du monde. »

Cette parole du czar, dont le règne est encore aujourd'hui l'orgueil de la Russie, devint pour ses successeurs une règle, une loi impérieuse.

Tous voulurent *s'approcher*.

Catherine II, femme et souveraine qui avait à la fois les faiblesses de l'une et les grandeurs de l'autre, eût la satisfaction de lire cette inscription tracée sur son passage : Route de Constantinople !

L'autocrate Alexandre, dans un moment de trêve avec la France, fait des propositions de paix à l'empereur Napoléon Ier et plus tard nous apprenons de Sainte-Hélène, cette première condition du czar, posséder Constantinople !

Nous voyons encore dans les mémoires du grand homme exilé, le jugement qu'il portait sur cette prétention de la Russie, car pour l'exprimer, il emprunte les paroles de Pierre Ier.

« Celui-là sera roi du monde, qui régnera sur Constantinople ! »

L'empereur Nicolas Ier, successeur de son frère et héritier de l'ambition de ses prédécesseurs, se trouve à peine revêtu de l'autorité des czars, qu'il tourne les yeux vers cette antique Byzance, dont déjà il

rève la possession comme le couronnement de son long règne.

Lui aussi *s'approche* ; mais les vents
d'occident vinrent lui apporter la sentence
des puissances de l'Europe qui toutes
crièrent : Tu n'iras pas plus loin !

Cependant Nicolas, fier de ses nombreuses armées et croyant le moment venu,
dirigeait vers Constantinople un de ses diplomates qui allait y répéter la proposition
qu'un demi siècle auparavant, un autre
agent de la Russie faisait au gouvernement
du sultan. Tous les sujets de l'empire
turc, qui professent la religion grecque,
passeront sous la protection de la Russie et chaque fois qu'ils seront molestés
par les Turcs, la Porte sera tenue de faire
droit aux représentations de l'ambassadeur russe. »

L'autocrate, vous le voyez, se faisait
la part belle, car vous savez, Mesdames,
que sur les douze millions d'individus,
sujets de la Sublime Porte, neuf millions
sont chrétiens, quoique n'appartenant

pas tous au même rite. La majorité de la communion grecque, est un fait incontestable. — En Turquie, pays de civilisation peu avancée, les ministres des différents cultes ont des attributions qui tiennent plus de celles du magistrat que de celles du prêtre. Aussi exiger le protectorat du rite grec était simplement demander les trois quarts de l'empire, comme une *avance d'hoirie.*

L'ambassadeur russe, en se présentant à Constantinople, parlait de traités et montrait son épée.

En présence de ces deux extrémités, les Turcs se décidèrent pour le parti de la lutte.

Sur quarante-cinq membres, formant le conseil dans lequel se discutaient les propositions de l'agent moscovite, quarante-deux votèrent contre l'acceptation du protectorat. Il est vrai qu'ils se souvenaient du traité de 1841, par lequel les puissances d'occident et entre autres la France, s'étaient engagées à maintenir l'intégrité de l'empire ottoman.

Ce qu'il y a de certain, c'est que tous les yeux étaient en ce moment fixés sur Constantinople, où se décidait une question que chaque nation nommait personnelle; aussi le départ du prince Menschikoff, fut-il comme un choc électrique qui bientôt se manifesta en France, par de nombreux apprêts de guerre.

Chez nous, chacun avait compris. Le peuple parlait de cosaques! Les vieillards racontaient 1815, et partout l'on sentait comme un frémissement d'impatience.

Cependant la haute sagesse des chefs de nations, leur faisait tenter, hélas! l'impossible, car ils voulaient, à force de prudence et de dignes concessions, amener la Russie à comprendre ses véritables intérêts ; bien des paroles furent prononcées à Vienne et ailleurs, nous en avons gardé le souvenir avec respect et reconnaissance, car chacune voulait dire, justice, et ne versons pas le sang humain !....

La France se rangea parmi les plus sages, et ceux qui ne savent pas que la pa-
tience est la pitié des forts, commençaient
à s'étonner de nos héroïques lenteurs.
Mais une paternelle puissance veillait sur
nous.

Déjà vous m'avez devinée et vous pro-
noncez un auguste nom destiné à se mon-
trer en France comme la fin des orages.

Le trône est désert!.. L'on ne parle que
de chaos! et chacun s'écrie, qu'allons-
nous devenir!..... C'est alors que nous
sommes habitués à les voir apparaître.

Chaque Français les reconnaît et tous
les fronts s'inclinent, car ils ramènent avec
eux, Dieu! Honneur, Patrie!...

Et l'étranger, qui depuis quelque
temps oubliait, parfois, de nous saluer, se
dit aujourd'hui en s'inclinant bien bas...
« Ils ont doncretrouvé leur Napoléon! »

Le 29 janvier 1854, l'Empereur Napoléon III, écrivit au czar une lettre
que chacun admire, puisque tout le
monde l'a lue; — mais qui malheureuse-

ment ne vainquît pas l'obstination de la Russie. — A toutes les équitables propositions qui furent faites, l'on n'obtint qu'une seule réponse, *la guerre!*

La guerre, ô puissant empereur! Mais tu n'en connais donc pas les horreurs!

Le croisement des épées, les fleuves de sang, les lueurs sinistres de l'incendie éclairant les meurtres et le carnage! Mais tu n'entends donc pas les cris de douleur qui s'élèvent de toutes parts!... O malheureux! mon être frissonne d'épouvante à la pensée de l'Eternelle justice, qui demande compte du sang répandu! Que diras-tu à tes victimes, à tant de jeunes hommes, qui te parleront de leur jeunesse brisée et des larmes de leur mère.... O autocrate! réponds, si tu l'oses, et dis-leur ton unique mot : *Ambition !*

Mais alors, infortuné! que n'as-tu pris le titre de ces anciens conquérants barbares et que ne t'es-tu, comme Attila, appelé le Fléau de Dieu. Loin de là, tu as revêtu la toison de l'agneau pour devenir le dévorateur de ton peuple, et tu as pris la Religion sainte, non comme glaive et comme épée, mais comme masque et comme cuirasse.

. . . .

Et cependant, pourquoi laisser assombrir nos âmes par ces tristes pensées ; le Seigneur tout-puissant ne tient-il pas en ses mains le cœur des rois, et sa bonté divine ne va-t-elle pas permettre la fin de ces luttes sanglantes !

Un prince juste et selon son cœur, digne de comprendre notre auguste souverain, agitera peut-être un jour le rameau d'olivier qui viendra dire à tous : Paix et concorde.....

CHAPITRE II.

—

Sinope. — Neutralité de l'Autriche et de la Prusse. —
Déclaration de guerre. — Odessa. — Silistrie. — France

Mon imagination bretonne m'avait d'abord entraînée, Mesdames, vers de tristes pensées qui ne se dissiperont pas en vous parlant du désastre de Sinope. — Cette ville située sur la rive Asiatique, à cent lieues du Bosphore, est presque en face de Sébastopol.

Dans le port de Sinope, se trouvait une flotte sous le commandemant d'Osman-Pacha, dont la seule mission était d'entretenir des communications entre Constantinople et l'armée d'Anatolie. Le czar avait donné sa parole de rester sur la défensive, malgré l'état de guerre, tant que les négociations ne seraient pas rompues avec les puissances Occidentales ; Osman-Pacha était donc dans une parfaite sécurité, lorsque le 30 novembre, l'escadre du vice amiral russe Nakimoff, entra dans le port de Sinope. Il fit aussitôt mettre un canot à la mer, monté par un officier d'état-major, portant à Osman-Pacha la sommation d'amener son pavillon. L'amiral turc n'attendit pas la consommation de l'insulte ; il commença le combat, qui, hélas ! bientôt, ne fut plus qu'un massacre. Les sept cents bouches à feu de l'escadre Nakimoff foudroyèrent les quelques frégates et vaisseaux turcs aux quels l'inégalité du nombre permettait l'héroïsme, mais non pas la lutte.

Quatre mille hommes périrent à Sinope. La ville presqu'entière devint la proie des flammes.

Cet acte de vandalisme était si bien de nature à révolter la conscience publique que l'amiral russe crut devoir s'en excuser par une lettre adressée au consul autrichien.

Cependant les puissances d'Autriche et de Prusse, conservèrent leur position de neutralité. Déjà en 1787, lorsque la France s'efforçait d'empêcher la Russie de s'emparer de Constantinople, l'Autriche reculait devant les éventualités de la guerre. L'Empereur Joseph II, qui, incognito avait accompagné la czarine Catherine II dans son voyage de Crimée, répondit à un de nos ambassadeurs, que si sa politique avait été d'avis de laisser la Russie s'emparer de la Tauride, il n'en serait pas de même pour Constantinople, car, disait l'Empereur Joseph, « Le voisinage des turbans sera toujours moins dangereux pour Vienne, que celui des chapeaux. » Cependant de nos jours, la possession de la Bosnie, de la Servie et de l'Albanie eût peut-être été un appât suffisant pour déterminer l'Autriche à prêter son concours à la conquête de Constantinople; mais l'intervention de la France et de l'Angleterre vint changer complètement la question.

D'un mot, d'une étincelle, la France, peut à la fois rallumer dix volcans mal éteints, que l'Autriche redoute toujours. La secousse de 1848 est venue une fois de plus lui prouver ce qu'elle devait attendre des populations agglomérées qui composent son empire.

En se déclarant contre la France, l'Autriche court le risque de perdre la Vénétie, la Lombardie et ces riches provinces Illyriennes qui jadis encore nous appartenaient.

La participation de l'Angleterre exerce aussi naturellement une immense influence sur les résolutions de l'Autriche, la crainte de jouer le sort de sa marine serait une considération bien suffisante, car toutes puissantes que soient ses flottes, elles sont encore loin de pouvoir lutter avec celles de nos alliés. Elles ont néanmoins coûté à l'Autriche quarante années de soins constants et des sommes immenses.

La France peut être attaquée par le Rhin, par la Meuse, du côté de la Belgique ; mais l'Angleterre n'a rien à perdre sur le continent ; elle n'est vulnérable qu'au sud, aux îles Ioniennes et à Malte ; cet enjeu ne vaut certes pas celui de Trieste et d'Illyrie.

D'un autre côté, les grands intérêts commerciaux de l'Autriche sont sur le Danube, relié au Rhin par un canal. A la sortie du fleuve les flottes se trouvent dans la mer Noire, qui est sans cesse sillonnée de vaisseaux chargés d'immenses richesses.

La Russie, déjà maîtresse de la rive gauche du Danube par l'occupation de la Valachie et ayant une partie de ses troupes sur la rive droite dont elle assiège les places, peut d'un jour à l'autre être en position d'arrêter la circulation des navires autrichiens. Aussi, cette puissance, placée entre ces divers dangers, a choisi le parti que lui dictaient ses intérêts compliqués et a déclaré sa neutralité.

La Prusse a d'abord suivi dans toute l'affaire d'Orient la ligne de conduite de l'Autriche; comme elle, placée entre deux dangers, elle s'abstient d'agir etentend garder la neutralité. Des liens de parenté unissent les princes prussiens à la maison impériale de Russie ; mais cette fois encore, les alliances de famille ont été impuissantes devant le grand mobile de l'intérêt particulier.

Bien des efforts, vous le comprenez, ont été tentés pour faire pencher la balance de la neutralité; mais je ne veux pas, Mesdames, effleurer ces questions, qui m'entraîneraient trop loin ; j'aime mieux vous parler de notre alliance avec l'Angleterre, de cette cordiale entente de deux nations jusque là rivales et qui se tendirent la main le jour où il y eut un opprimé à défendre.

« C'est un noble spectacle, disait lord Palmerston, à la tribune anglaise, c'est un noble spectacle de voir l'Angleterre et la France, deux pays qui depuis des siècles ont été en rivalité, agir aujourd'hui de concert, unis par des engagements réciproques, et n'ayant pour but de leurs efforts aucun avantage égoïste. C'est un noble spectacle de les voir debout, non pour la défense de leurs intérêts, mais pour celle de la liberté de l'Europe. C'est un magnifique spectacle que celui de ces flottes et de ces armées qui, jusqu'à ce jour, ne s'étaient rencontrées que pour se battre à outrance, et qui aujourd'hui se rangent côte à côte, non pour faire des conquêtes ou pour opprimer le monde, mais pour défendre le droit contre la force, la justice contre l'iniquité. »

Le 27 mars 1854, la guerre fut officiellement annoncée au corps législatif de France et au parlement Britannique.

Cependant dès le 16 février, les ambassadeurs de France et d'Angleterre avaient quitté la cour du czar. Les armements se poursuivaient de tous côtés avec une extrême vigueur. Beaucoup de vaisseaux, frégates et avisos furent comme par enchantement ravitaillés dans nos ports, aussi notre marine pût figurer sans désavantage à côté de celle de nos nouveaux alliés.

Le vice-amiral Hamelin fut nommé commandant en chef dela flotte française. Il avait fait ses premières armes dans une bataille donnée dans les mers de l'Inde sous les yeux de l'amiral Duperré et de son oncle le contre-amiral Félix Hamelin.

Dans la soirée du 10 avril, les escadres anglo-françaises de la mer Noire, reçurent l'ordre de commencer les hostilités et témoignèrent leur joie par une illumination de tous les vaisseaux.

Quelques jours auparavant une frégate anglaise, le *Furious*, s'était rendue à Odessa, pour réclamer les consuls et ceux de nos nationaux qui voudraient quitter la ville. Par un fait sans précédent peut-être dans les annales guerrières des nations civilisées, le pavillon parlementaire fut vainement arboré. Sept coups de canon à boulets, partirent des batteries russes. Le général Osten-Sacken qui commandait à Odessa, n'ayant fait aucune réponse à la sommation de réparation adressée par les vice-amiraux ; l'attaque fut résolue pour le lendemain.

Le combat commença entre six et sept heures du matin. — Le soir, le port d'Odessa était complétement détruit par les flottes alliées, dont le feu avait été dirigé avec une si parfaite précision que leurs pertes furent presque insignifiantes.

Quatre jours après le bombardement d'Odessa, les deux escadres firent voile vers les côtes ouest de la Crimée.

Le 29 avril, les flottes alliées se mirent en route, pour l'entrée du port de Sébastopol, dans l'espoir de décider l'ennemi à sortir de sa torpeur ; l'escadre russe s'obstina à rester immobile sur ses ancres, pendant que nos vaisseaux détruisirent les établissements russes du littoral de la Crimée et de la Circassie.

Les Russes, obligés de s'incliner devant la supériorité navale des alliés, voulurent au moins assurer à leurs troupes une po-

sition favorable dans les monts Balkans ;
mais préalablement, ils résolurent de s'emparer de Silistrie, place forte dont l'occupation était indispensable pour l'exécution de leur projet.

Le général en chef de l'armée du Danube, le prince Paskiewistch, eut avec le
gouverneur de Silistrie, une entrevue en
présence de deux attachés d'ambassades
l'un français et l'autre anglais. Les té-
moins crurent remarquer certains signes
d'intelligence entre le gouverneur et le
prince moscovite. Le lendemain, Ali-
Pacha, fut remplacé par Mussa-Pacha, qui
répondit au généralissime : « Vous avez
reçu l'ordre de prendre Silistrie à tout
prix. Quant à moi, j'ai reçu celui de le
défendre de même » Il y eut de sanglants
combats ; dans un seul assaut les Russes
sont trois fois repoussés. La première, ils
surprennent la garnison, franchissent le
fossé d'Arab-Tabia, montent confusément
sur le parapet par les embrasures ; mais
ils sont rejetés dans le fossé où la mitraille

les décime. A la troisième attaque, ils sont culbutés par les Albanais et les Egyptiens, qui poussent, en signe de victoire, les cris de Allah-il-Allah. (Il n'y a de Dieu, que Dieu).

Les assiégeants éprouvèrent aussi des pertes considérables; mais l'armée d'Omer-Pacha était trop faible pour dégager Silistrie, obligée qu'elle était déjà de garder Schoumla et de couvrir les lignes des Balkans. L'arrivée des troupes alliées était impatiemment attendue, elles étaient en route et pendant qu'elles cheminent, permettez-moi, Mesdames, de vous entretenir de la France, car j'aime mon pays et je vous en parlerai avec mon cœur.

Il est si aimable le joli pays de France! Nous avons une si belle histoire. — Même dans notre plus triste temps, (1) nous courons aux frontières et nous nous écrions : Le voilà! le vieil honneur français! — Ils nous l'ont transmis si intact, ces fidèles chevaliers, ces preux bardés de

(1) 1793.

fer, dont nous parlent nos vieilles chroniques que nous feuilletons avec tant de plaisir, parce qu'elles nous disent, grandeur, générosité, bravoure !...

C'est là notre patrimoine à nous, nos pères nous l'ont laissé et nous le rendrons à nos arrière-neveux.

Oh ! oui là haut, nos aïeux font fête à nos pauvres soldats, qui tombent sur le champ de bataille et ils les reçoivent en s'écriant : Ce sont nos fils ! car ils sont morts en disant : *Dieu et patrie.*

Ils sont si braves, les enfants de notre beau pays. Ils méprisent le danger, protègent le faible, aiment la gloire ! Non, non ! ils ne sont pas dégénérés et au milieu de leurs fêtes et de leurs plaisirs, essayez de crier : « Voilà l'ennemi ! »

N'apercevez-vous pas alors, nos vieillards ressaisissant leurs antiques épées, tandis que nos jeunes gens sont déjà partis pour devenir ces héros que nous retrouvons dans notre vieille histoire.

CHAPITRE III.

—

Je vois, Mesdames, que je vous ai parlé du voyage de nos troupes, sans vous avoir rien dit du moment de leur départ. Mais j'avais l'intention d'y revenir.

Vous savez que c'est avec bonheur que je vous entretiendrai des sentiments de foi et de religion témoignés par nos pauvres soldats, qui presque tous voulurent se réconcilier avec Dieu, avant d'embrasser leur mère, peut-être pour la dernière fois !

La France fut vivement impressionnée par de touchantsexemples et laissez - moi vous en citer quelques - uns :

Dans une antique chapelle, célèbre dans les fastes de la dévotion publique, un régiment de cuirassiers se rendit, pour venir y saluer Notre-Dame-de-Fourvières, et implorer sa protection contre les dangers et les périls, qui allaient devenir le partage des défenseurs du drapeau français.

En entrant dans l'humble sanctuaire, chaque genou se ploya, et tous les fronts s'inclinèrent pour recevoir la bénédiction du Dieu des batailles.

Le colonel, entouré de son état-major, se plaça près de l'image vénérée. La musique militaire exécuta le *Tantum ergo.* —Le R. P. Maurel adressa quelques paroles à ces soldats chrétiens. Il leur cita aussi celles du maréchal Suchet qui, accomplissant un pélerinage à la sainte chapelle, disait au prêtre : « Faites prier pour moi ici, car dans mon enfance, ma mère m'amenait souvent à Notre Dame - de - Fourvières , et vous savez que ce sont là de ces souvenirs qui ne se perdent jamais. »

Lorsque les cuirassiers quittèrent le sanctuaire, le colonel répétait :

« Oh ! il y a bien longtemps, que je désirais amener tous mes braves aux pieds de Notre - Dame - de - Fourvières. »

Cet esprit de dévotion se faisait partout remarquer et laissez-moi, à ce sujet, vous communiquer une lettre d'un écclésiastique de Nîmes :

« Les prémices de notre jubilé sont riches et consolantes. Le soldat a répondu d'enthousiasme à l'appel de l'Église.

« Dimanche 11 novembre, fête du patronage de la sainte Vierge, la chapelle de l'Hôtel-Dieu était remplie de militaires. Quatorze y venaient pour la première fois recevoir la communion, et plus de trois cents de leurs camarades s'approchaient avec eux de la sainte table. Ils avaient suivi pendant la semaine, avec une assiduité édifiante, les instructions données par un jeune prêtre de notre ville, dont le cœur et le zèle sont habitués à entrer vite en communication avec un auditoire aussi sympathique.

« Cette nombreuse réunion était un beau spectacle. Il y avait sur ces visages de soldats un sérieux senti, la dignité calme et fière du devoir accompli. Aucune pompe n'était nécessaire à cette mâle solennité. Elle était d'elle-même assez éloquente, et l'émotion qu'elle inspirait n'eut pas de peine à passer tout entière dans les paroles chaleureuses que le prêtre, dont le cœur surabondait de joie, adressait à ces braves, à l'issue de la messe. »

« Deux traits m'ont singulièrement touché. La veille, un de ceux qui allaient faire leur première communion parlait de sa joie. « Je vais me battre pour mon pays, disait-il, je suis heureux. Mais cette confession, cette communion de demain, je le sens, c'est le plus beau jour de ma vie : » et, une larme dans les yeux, il ajoutait :

« Je n'ai qu'un regret, mon père. — Et lequel ? — Il y manque ma mère ! » Après la messe, tous se retiraient dans un admirable recueillement, emportant les médailles et les chapelets qu'ils avaient demandés et qu'on leur distribuait. Plusieurs soldats qui n'avaient pu se confesser, refusaient par un scrupule de délicatesse. « A dimanche, disaient-ils, quand nous serons en règle. » Ils croyaient sans doute n'être pas assez dignes de l'humble et pieux souvenir qui leur était laissé !

« Ce n'est qu'un début. Dimanche prochain une seconde communion doit avoir lieu. Les prêtres ne pouvaient suffire à toutes les confessions, et un grand nombre de soldats se préparent à imiter les autres et à gagner leur jubilé. »

Les exemples de foi et de piété étaient donnés par le Souverain, car vous savez, Mesdames, que S. M. l'Empereur, fit parvenir au vice-amiral Hamelin, un tableau représentant la vierge Marie, sainte patronne des matelots. Il était destiné au vaisseau amiral, la *Ville de Paris*.

L'inauguration solennelle en fut faite à bord le 19 mars, en présence des états-majors et d'un détachement de la flotte.

Un semblable tableau fut envoyé à l'escadre de la Baltique. Son inauguration donna lieu, comme la précédente, à une de ces fêtes religieuses auxquelles la majesté des mers, les chants des matelots mêlés au bruit des tambours et à la voix des canons, donnent un de ces charmes puissants que le cœur n'oublie jamais, mais que je ne saurais décrire.

Le commandement de l'armée de terre fut confié au maréchal Leroy de Saint-Arnaud. Il s'embarqua sur le *Berthollet* et avant son départ, il écrivait à M. Leroy de Saint-Arnaud, conseiller d'état :

« Cher frère, je vous avais fait mes adieux, je croyais m'embarquer aujourd'hui ; le ciel en a décidé autrement, je le regrette moins, puisque j'ai pu recevoir ta lettre à laquelle je réponds. Dans quelques heures le *Berthollet* sera dans le port de la Joliette à ma disposition, mais il lui faudra la nuit, la journée de demain pour s'installer, prendre mes chevaux, mon chargement, etc. Le 29, je serai donc à bord. A quelque chose malheur est bon : le vent se calme, que le Berthollet nous mène donc sains et saufs aux rives désirées du Bosphore et voyons les Russes le plus tôt possible. Il nous faut des succès ; des revers seraient désastreux au dedans comme au dehors, et cependant pas un homme de bonne foi, quelque soit sa couleur, ne pourra dire que nous allons chercher de gaîté de cœur une guerre lointaine par amour pour la guerre. Nous la faisons, parce qu'elle est indispensable à l'honneur, à la dignité de la France et pardessus tout inévitable. Que nous soyons vainqueurs ou vaincus, qui pourrait aller contre cette vérité ? »

« Mais je ne crains pas les revers, je ne redoute que les lenteurs obligées. J'ai foi en Dieu et en mon étoile. Advienne que

pourra, j'aurai fait mon devoir, je me
sens plein d'énergie et de force.

« Dans ce que tu dis, frère, il y a beaucoup de vrai, mais c'est le vrai des gens
sensés. Tu ne te mets pas assez au point
de vue des masses, il faut compter avec
elles. Le peuple donne son argent, ses
enfants, sans murmurer.

« Il supporte la guerre un an, deux ans,
mais il lui faut des bulletins, des résultats,
des succès qui le dédommagent.

« Un Fabius cunctator se coulerait ici.
Le général doit être sage, prudent, mais
profiter des occasions et agir. C'est ce que
je ferai. Toute la politique, je le sais, n'est
pas en Orient, mais c'est là que pèsent les
efforts gigantesques de la France et de
l'Angleterre. Jeter à six cents lieues de
son pays, la France, soixante mille hommes, l'Angleterre trente mille, c'est énorme. — Et compare : l'armée d'Egypte
avait d'abord dix-huit mille et puis trente-
et-un mille. — L'armée de Morée, vingt-
cinq mille — L'armée d'Afrique en 1830

trente mille — Nous en avons le double, transportés à une double distance, et nous marchons vers le Danube. Nous ne pouvons perdre de tels efforts dans l'inaction.

« La Crimée, tu parles de la Crimée ! c'est un joyau, j'en rêve et j'espère que la prudence ne me défendra pas de l'ôter aux Russes. Ce sera pour eux un coup terrible. Au reste ne disons rien à l'avance. Il faut causer d'abord avec les Turcs, voir les Russes de plus près, savoir ce qu'ils veulent et ce qu'ils peuvent. Ce sera le moment d'un plan sage et hardi. Traîner l'affaire en longueur, c'est faire l'affaire des révolutions. Voilà, frère, mes idées pour le moment, nous verrons plus tard.

« Demain donc à midi, nous serons à bord. Reçois mes adieux, toujours pleins de regrets et d'espoir, et partant du cœur. »

Le maréchal vient de nous l'apprendre, soixante mille français, placés sous sa conduite, se rendirent en Orient. Ils furent bientôt suivis par trente mille Anglais, commandés par lord Raglan, ce vénérable chef qui, à l'âge de soixante-huit ans, vint offrir à la France le loyal concours de l'unique bras que lui eût laissé Waterloo !

Mais je m'aperçois, Mesdames, qu'il est fort tard. — Et si vous le permettez, nous remettrons à une autre fois la suite de notre récit.

CHAPITRE IV.

—

Gallipoli. — Varna. — Voyage de Malte à Varna. —
Incendie de Varna.

Une année s'était écoulée ; on célébrait la fête de Saint-Louis-de-Conzague. Les religieuses et leurs mères, de nouveau assemblées, écoutaient la mère Thérèse qui disait :

Vous me demandez, Mesdames, de vous entretenir encore de l'expédition de Crimée en vous faisant part des faits qui se sont accomplis depuis que l'an dernier nous nous sommes quittées. Cette tâche, qui pour moi est de tout temps difficile, l'est cependant, je l'avoue, devenue moins aujourd'hui. Les lettres de nos soldats sont si belles et si bonnes, que seulement en vous en lisant quelques-unes, mon but sera atteint, car j'aurai glorifié mon Dieu et mon pays. Je me souviens que notre récit fut interrompu au moment où je vous parlais du départ de nos troupes pour la Crimée ; elles débarquèrent à Gallipoli, ville située à l'extrémité du détroit des Dardanelles et à l'entrée de la mer de Marmara. C'est l'ancienne Callipolis des Grecs dans la Chersonèse de la Thrace et l'une des villes les plus importantes de la Turquie d'Europe. Les Turcs, en 1356, commencèrent par cette ville la conquête des provinces grecques.

Nos soldats une fois débarqués, se mirent à l'œuvre aussitôt. La colline sur laquelle ils étaient campés offrit bientôt le spectacle le plus animé. Les uns plantaient des piquets et des lances, dressaient des tentes, fixaient les cordes ; tandis que d'autres nivelaient le sol, traçaient les rues et les passages qu'ils baptisaient de noms français. — Partout enfin l'on remarquait une prodigieuse activité. — Le

maréchal de Saint-Arnaud communiquait à tous son infatigable ardeur ; écou-
tons-le parler de ses nombreuses occupations.

Gallipoli, 30 mai.

« Frère, ma vie se passe dans un tour-
billon qui roule jusqu'au moment où il
m'entraîne ; j'ai tant d'affaires vitales à diriger que si je rencontre par hasard une mi-
nute de liberté pour correspondre avec
vous tous que j'aime, je ne trouve plus la
force nécessaire. La fatigue est telle que
je n'ai plus la puissance de penser et d'é-
crire. C'est mon histoire du dernier courrier. Je voulais te donner des détails sur
mon voyage à Varna et à Schoumla, sur l'armée turque et son chef, je suis déjà d'un
demi-siècle en avant de cette course, et voici
venir des actualités à remplir bien des pages. Mais où prendre le temps ! En deux
mots, j'ai trouvé Varna une place défen-
dable; et Schoumla fort habilement trans-
formé en un camp retranché formidable.

J'ai vu dans Omer Pacha un homme incomplet, mais remarquable pour son pays d'adoption. J'ai trouvé, je te l'ai dit, une armée où je ne comptais voir qu'une foule. Troupe mal habillée, mal chaussée, médiocrement armée, mais qui manœuvre, obéit, se bat et se fait tuer. J'ai trouvé Silistrie se défendant sans espoir d'une longue résistance, et les Russes, en force et en nombre, attaquant mal, mais sûrs de l'emporter en sacrifiant du monde, s'ils persévèrent.

« Depuis que je suis à Gallipoli tout a changé de face, tout marche ; j'ai passé des revues, parlé aux chefs, aux soldats ; tout le monde a confiance et porte la tête haute. En passant dans les rangs de trente-huit mille Français, j'ai pleuré de joie et de fierté. J'admirais les soldats que je suis chargé de conduire à la victoire, mais pas tous. Combien pleurerons-nous de victimes ? Cette activité dévorante que tu me connais, frère, m'anime et m'empêche d'être malade. On dirait que jamais je ne me suis mieux porté. Les crises s'éloignent; je reprends mes forces et mon air de jeunesse. Dieu aura pitié de cette belle armée en ayant pitié de son chef.

«Chaque jour, frère, à déjeuner, à dîner, j'ai des officiers de tout grade à ma table, je leur fais des théories de guerre qui paraissent fort goûtées. Mais je m'échauffe et m'anime, en faisant ma digestion je souffre. Il n'y a que les bêtes qui digèrent bien.»

Une partie de nos troupes avait été dirigée sur Varna. — Cette ville bulgare est située entre les bouches du Danube et Constantinople, au fond d'une baie profonde, dans laquelle se jette la Varna et la Schioumala ; c'est un des meilleurs ports de la mer Noire.

Dans la campagne de 1828, les Russes, maîtres, comme ils le sont aujourd'hui de la Dobrutscha, mirent le siége devant Varna, sous le commandement du prince Menschikoff, qui y fut blessé. Il fut alors remplacé par le général Woronzoff. L'empereur Nicolas, dans le but de hâter les travaux, y arriva. Mais bientôt, mécontent de l'impuissance de ses généraux à prendre la place qui se défendait vaillamment, Il abandonna le siége et se retira à Odessa.

Le sort des armes ne lui ayant pas été favorable, le czar tenta un autre voie, —Il séduisit Yussuff-Pacha, qui commandait à Varna; ce général lui livra la ville et justifiant ainsi cette parole de Philippe de Macédoine, qui déclare qu'une forteresse n'est jamais imprenable tant qu'un mulet chargé d'or peut y monter.

Les chemins en Turquie sont dans un déplorable état; à l'exception des grandes routes, mal entretenues, qui vont d'une ville à une autre, on ne trouve que des sentiers souvent peu praticables. Les zouaves habitués en Algérie à tracer des routes, sur le flanc des montagnes, ou dans les plaines marécageuses, ont immédiatement commencé un large chemin qui va du camp à la ville, associant ainsi la pioche au fusil, l'outil de la civilisation à la machine de destruction. — Il restera de leur passage un travail utile.

La 2ᵉ division française entra le 9 juin à Andrinople, seconde ville de l'empire turc. — Une population immense de Turcs, de Grecs et d'Arméniens, femmes et enfants, parés de leurs habits de fête se groupent sur le passage des chasseurs d'Afrique et de l'infanterie de ligne.

Le 11 octobre 1828, l'empereur Nicolas fit son entrée à Varna. Le 1ᵉʳ juin 1854 nos troupes débarquèrent dans cette ville. Laissez-moi vous citer une charmante lettre d'un de nos officiers de l'armée d'Orient, qui parle du voyage de nos troupes :

« Je vous ai écrit de Malte, où nous sommes restés huit jours, de là au Pirée et à Athènes, deux jours et demi de traversée, trois jours de station. J'ai foulé la terre de tous ces Grecs, qui ne sont plus que des *grecs*. Le Pirée est un joli port bien coquet, les habitants sont presque tous palicares et généralement bien ; le reste est insignifiant. Athènes est une ruine sublime. D'athènes nous cinglâmes vers Gallipolli à bord du *Christophe Colomb*, notre joli petit éclaireur devant retourner en France. C'est là que commence l'intérêt du voyage : les Dardanelles ! L'Europe aride à droite, L'Asie boisée, verte et fertile à gauche ; la mer resserrée dans un étroit canal. Voyage délicieux par un beau temps. Du reste, depuis que nous sommes embarqués, nous n'avons pas eu une goutte d'eau : Dieu protège la France ! Après le passage des deux formidables châteaux d'Asie et d'Europe, le voyage devient de plus en plus historique : ici l'Hellespont sur un talus du côté de l'Europe, le tombeau, ou *tumulus* de l'amoureux Léandre, juste à l'endroit où il faisait le poisson pour aller trouver sa belle ; plus loin le tombeau d'Ajax, le fort homme ; celui de Patrocle et d'Achille, etc. Le 31, nous débarquâmes à Gallipoli.

« Notre voyage de Gallipoli à Varna a été merveilleux : nous étions une escadre respectable composée du *Napoléon*, du *Montebello*, de *la Ville d'Alger*, du *Suffren*, etc. Je vous ai parlé tout à l'heure des Dardanelles, mais c'est de la Saint-Jean comparativement au Bosphore. Pendant dix lieues en mer, vous allez d'enchantement en enchantement, et cela par un beau soleil levant, en plein Orient. Ce panorama est tout ce qu'il y a de plus gracieux. Mais fou que je suis, je quitte Gallipoli et je ne vous en ai pas dit un mot; j'aurais peut-être aussi bien fait, après tout, car cette estimable ville, une des principales de la Turquie, est tout bonnement un cloaque, mal bâti, mal pavé et jamais balayé, et habité mi-partie par des Grecs voleurs et par de vilains et dégoûtants Turcs. Il y a bien par-ci par-là quelques anciens types assez remarquables, mais ils sont rares.

« Il paraît qu'à Constantinople la population et les habitants ne valent pas beaucoup mieux ; mais il y a des monuments réellement admirables dans les détails. Quant aux mosquées, il y en a à l'infini : ces

minarets, ces dômes font un effet mirobo-
lant; c'est original, c'est coquet, et il y en
a à profusion. Tout cela est bien visible
étant à bord, car le canal se resserre encore
là comme aux Dardanelles ; mais ce n'est
plus le même genre. Constantinople se dé-
roule devant vous jusqu'à la pointe du
sérail ; jusque-là c'est beau. Vous passez
la Corne d'or, port immensément long de
Constantinople ; ensuite vous allez de merveille en merveille.

« Après la Corne d'or le canal fait
un coude, le pays · change d'aspect :
c'est un jardin continu, parsemé de
jolis châteaux, de jolies petites villas,
dont les maisons ont les pieds dans la
mer ; c'est le plus délicieux pays du
monde entier. Les beaux sites de la Saône,
avant d'arriver à Lyon, et que vous connaissez bien, sont bien beaux, n'est-ce pas ?
eh bien ! ce n'est rien auprès du pays dont
je vous parle. Nous passons devant Scutari,
Thérapia, Beïcos, etc.; nous touchons
presque le château jaune, habitation dite

du Sultan ; c'est tout ce qu'il y a de beau comme style et variété ; les jardins sont d'un fabuleux qui fait rêver aux *Mille et une Nuits* ; tout le pays est comme cela. Nous arrivons à Varna le 30 mai à onze heures du matin ; nous débarquons le même jour à sept heures du soir, et nous bivouaquons à la porte d'Ibrahim. Le lendemain 1er juin nous montons un grand camp, où nous restons jusqu'au 30 août (deux mois).

« Varna, comme Gallipoli, est une vilaine ville, où je n'ai vu que des soldats turcs, des marchands français, anglais, maltais et smyrniotes. Tous ces gens sentent la rue de la Verrerie, la Cannebière, l'épicerie enfin, et gagnent beaucoup d'argent. L'incendie ne les a pas ruinés, bien au contraire, ils se sont rattrapés sur le prix des denrées, et nous payons tout à des prix fabuleux ; ça valait toujours mieux qu'ici, où nous n'avons pas toujours de l'eau et où nous ne mangeons que du biscuit, du lard, du sucre et du café (ces deux derniers sont hygiéniques). Varna a été bien fatale à l'armée française, ainsi que Gallipoli ; l'armée y a laissé de 6 à 7,000 de ses soldats, et le nombre d'officiers de tout grade s'élève à 150. C'est triste, c'est bien triste !

CHAPITRE V.

—

Invasion du choléra. — Résignation chrétienne de nos soldats.

Dans ces lignes, Mesdames, il est fait mention de l'horrible fléau dont je reculais le moment de vous parler, car mon cœur est tristement ému en rappelant de si cruelles souffrances.

Le choléra, vous le savez, vint s'abattre sur les troupes débarquées à Varna et à Gallipoli. En peu de semaines elles furent décimées.

L'impitoyable fléau commença par frapper ceux qui auraient pu mettre obstacle à ses ravages. Les médecins, les infirmiers, furent les premiers atteints. Les généraux Ney, d'Elchingen et Carbuccia ne tardèrent pas à succomber. — Le père Gloriot, un des aumôniers de l'armée, écrivait à ce sujet :

« Le premier des deux généraux moissonnés par le choléra, le duc d'Elchingen, fils du maréchal Ney, était un homme aussi distingué par l'élévation de son esprit que par la politesse exquise de ses manières. Le dimanche il avait présidé à la messe militaire ; deux jours après, son aide-de-camp accourait auprès de moi en me disant : — Vite, monsieur l'abbé, auprès du général, il vous demande, il est au plus mal. — Au moment où je me rendais dans sa chambre, le général me tendit la main en me disant, en présence de son état-major : — Monsieur l'aumônier, je tiens à ce qu'on sache que c'est moi qui vous ai fait appeler ; je veux mourir en bon chrétien. — Et il se confessa.

« Après avoir reçu l'absolution, il croisa ses mains sur sa poitrine, offrit à Dieu le sacrifice de sa vie, et lui adressa la prière la plus touchante pour sa femme et ses enfants. Vers trois heures de l'après-midi, je le trouvai assez mal pour lui administrer l'extrême-onction ; à huit heures, je pénétrai une dernière fois dans sa chambre, elle était remplie de tout ce que l'armée possède de plus distingué. Le général entrait en agonie : je me mis à genoux pour réciter les prières des mourants ; ses deux aides-de-camp étaient à mes côtés, tenant des flambeaux allumés. Au moment où je terminais, ce brave guerrier rendait son âme à Dieu au milieu des sanglots des assistants.

« Le général Carbuccia avait conduit le deuil aux obsèques du duc d'Elchingen, et trois jours après il le suivait au tombeau. La veille de sa mort je l'avais rencontré au moment où je me rendais à l'hôpital ; quelques heures après, il me faisait appeler. Il était Corse, et avait la foi ardente des habitants de cette île : il accomplit ses devoirs avec la plus tendre ferveur.

« Nos braves soldats mouraient aussi en véritables chrétiens. En entrant à l'hôpital je m'entendais appeler et répéter de tous côtés, venez à moi, hâtez-vous de me réconcilier avec Dieu, car je n'ai plus que quelques moments à vivre. D'autres me serraient affectueusement la main et me disaient : Que nous sommes heureux de vous avoir au milieu de nous ; si vous n'étiez pas là, qui nous consolerait dans nos derniers moments ? Quelquefois j'entendais des confessions en me rendant d'un hôpital à l'autre ; d'autres fois, je rencontrais des officiers et des soldats m'attendant sur les escaliers intérieurs de l'hôpital. Je m'appuyais sur les mêmes escaliers ; ils se mettaient à genoux à mes côtés et recevaient le pardon de leurs fautes. Quand ils m'apercevaient dans les rues, ils descendaient de cheval, me remerciaient affectueusement et ajoutaient presque toujours : « Surtout, si je suis atteint, ne manquez pas de vous rendre au premier appel. Tous les soirs, nous avions une cérémonie religieuse pour l'enterrement des officiers. Un jour que j'avais sous les yeux sept ou huit bières, et autour de moi l'état-major de tous les régiments, je demandai la permission d'adresser quelques paroles. Debout sur une tombe, je parlai pendant une heure ; jamais je n'avais contemplé de spectacle plus émouvant ; je voyais de grosses larmes couler dans tous les yeux et je n'entendais autour de moi que des sanglots.»

« Jamais, frère (1), écrivait le maréchal de Saint-Arnaud, si je me laissais aller à mes impressions, à ma disposition d'esprit et de cœur, je ne t'aurais écrit une lettre plus triste. Je suis au milieu d'un vaste sépulcre. faisant tête au fléau qui décime mon armée, voyant mes plus braves soldats s'éteindre au moment où j'ai le plus besoin d'eux , et n'en continuant pas moins les préparatifs d'une expédition formidable. Chaque jour la rend plus nécessaire; je ne puis rester à Varna ; au choléra suc-

(1) M. Leroy de Saint-Arnaud, conseiller d'État, le 9 août 1854.

céderont les fièvres, je ne puis relever l'armée que par un coup de tonnerre. Y a-
t-il eu dans l'histoire beaucoup de situations semblables à la mienne ! Mon moral et mon énergie du moins s'élèvent à
sa hauteur. Dieu, qui me frappe d'une
main, me soutient de l'autre. Ma santé n'a
de longtemps été meilleure, au milieu des
chagrins et des soucis qui me rongent, et
que je dévore en secret. La mort dans
le cœur, le calme sur le front, voilà mon
existence.....

« Quand tu recevras cette lettre, je serai
embarqué pour la Crimée ou bien près de
l'être. — En attendant je passe cinq heures par jour au milieu des morts et des
mourants. Cependant le fléau diminue,
les cas sont moins foudroyants et plus rares. — Il faut quitter Varna, pour ne pas
faire comme les Russes qui battent en retraite vers le Pruth, en traînant avec eux
vingt-quatre mille malades. — Mon mouvement les a chassés de la Dobrustcha. Les
Turcs sont à Bucharest.

« Puységur et Clermont Tonnerre sont revenus à Varna. Eugène rentre en France; il périrait ici sous les retours de sa fièvre typhoïde. Boyer est fort malade, je le renvoie en France. Dieu veuille qu'il y arrive. Espinasse est chez moi fortement touché. Il faut qu'il aille en France chercher un air réparateur; ses deux aides-de-camp, ses quatre domestiques sont morts. Espinasse s'embarque demain. Et moi, témoin de toutes ces plaies, de toutes ces misères, brisé par la douleur physique, usé par le travail, je résiste et l'on dirait que je me fortifie de toutes ces santés qui s'en vont !»

Le corps de santé militaire paya un lourd tribut au mal qu'il s'efforçait de combattre : il perdit, entre autres hommes regrettables, les médecins-majors Pontier et Lagèze, les médecins aide-majors Plassan, Musard, Stéfané, Dumas, Gérard et Claquard. C'étaient autant de combattants tués sur le champ de bataille; mais quoique l'exemple de ces victimes de leur zèle fût de nature à refroidir les

courages, le formidable ennemi n'en fut
pas moins vigoureusement combattu. Dans
ses rapports au ministre de la guerre, le
maréchal de Saint-Arnaud vante l'énergie que tous opposent à l'épidémie. «Partout, dit-il, je trouve la *grande nation...*
un moral de fer, un dévouement au-dessus de l'admiration. Tout le monde se
multiplie ; les soldats sont devenus des
sœurs de charité.» Il donne des éloges
particuliers aux officiers de santé, aux
fonctionnaires de l'intendance et à ceux
des différentes administrations, sans oublier les aumôniers de l'armée, qui se sont
prodigués au chevet des malades. Des
sœurs hospitalières sont venues de Constantinople au Pirée, à Gallipoli et Varna ;
partout elles ont été accueillies comme
des anges consolateurs, leur présence
seule a fait le plus grand bien.

«Nos soldats, écrit un des aumôniers
de l'armée, ont eu une double épreuve à
supporter, depuis l'ouverture de la campagne, et je ne sais, en vérité, laquelle

des deux demande une résignation plus magnanime. Il est terrible assurément, pour des fils bien nés, pour des maris, pour des pères, d'affronter la balle ennemie et de s'exposer de sang-froid à livrer tout ce qu'on aime à la douleur et au deuil ; mais le courage est soutenu par l'amour du pays, par l'œil intelligent du chef, par l'espérance de la victoire, et aussi par la douce pensée d'une récompense probable ; tandis qu'en face de la maladie la position est bien autrement cruelle, vous le comprenez. Mourir sans gloire et sur la terre étrangère, c'est bien dur pour une âme ardente et passionnée. Eh bien, considéré à ce point de vue, le début de notre campagne a été admirable. Soldats et officiers ont su pousser jusqu'à l'héroïsme le dévouement au pays. Au lieu de murmurer sous les coups du fléau destructeur, au lieu de demander lâchement à fuir le sort cruel qui leur donnait la mort, ils ont pu aimer aux dépens d'eux-mêmes, et, tombant par

milliers, comme le blé mûr sous la fau-
cille, ils ont fait le sacrifice de la gloire et
de leurs affections les plus chères, ils sont
morts en formant des vœux pour la prospérité de la France.

En pensant, Mesdames, aux nombreuses
épreuves qu'ont eu à supporter nos pauvres soldats, j'éprouve le désir de vous en
parler, selon la tristesse de mon cœur en
m'écriant :

O France ! ô nouvelle Rachel, pleure
tes enfants parce qu'ils ne sont plus!...
Oh ! combien ont été moissonnés parmi
cette brillante jeunesse qui nous quittait
hier en nous disant au revoir...

Mon âme désolée parcourt ces vastes
plaines que bientôt nivellera peut-être
le soc du laboureur, car là-bas, nos victoires et nos conquêtes ne nous donnent
même pas le droit d'enterrer nos morts
chez nous !

Oh pleurons, pleurons beaucoup, nos
larmes seront pour les victimes un hommage funéraire. Hélas ! l'uniforme sillon

ne nous désigne pas *leurs tombes ignorées*.

Les mères et les sœurs n'iront pas y prier.... Mais ne laissons pas ainsi abattre nos courages; femmes chrétiennes ! levons nos yeux au ciel, de là nous entendrons les paroles de la vie éternelle. Oh ! écoutons-les tous, elles seules sont belles et bonnes, car, ainsi que le dit Job : l'homme né de la femme, passe peu de temps sur la terre et ses jours sont comptés par beaucoup de souffrances !

CHAPITRE VI.

—

Les îles Aland. — Eric Aren. — Le pasteur Gummerus.
— Débarquement de nos troupes. — Prise de Bomarsund. — Le choléra. — Jeunesse française !

La France et l'Angleterre, en se déclarant les protecteurs de l'empire ottoman,
durent songer à faire tête à l'ennemi sur
tous les points où il pouvait agir et à porter sur son propre territoire la guerre qu'il
voulait concentrer sur les possessions otto-
manes. — Aussi, en envoyant dans la mer
Noire deux flottes puissantes et à Gallipoli une double armée de terre, l'on dut
encore penser à priver la flotte russe de la
faculté de déboucher de la Baltique dans
la mer du Nord et de là venir s'embosser à
l'embouchure de la Tamise, ou qui sait,

peut-être devant le port de Cherbourg ! —
Aussi vous l'ai-je déjà dit, deux flottes
importantes, l'une sous le commandement
de l'amiral Parseval Deschênes, l'autre
sous la conduite de l'amiral Napier, furent
dirigées vers la Baltique. — Une armée
de terre, commandée par le général Bara-
guay d'Hilliers fut jointe à l'escadre.

Les troupes partirent de Calais ; S. M.
l'Empereur assista à leur embarquement,
et quitta ses soldats en leur disant :
Allez, mes enfants, Dieu vous protège ! (1)
— Ils furent reçus par ces paroles de
l'amiral Parseval Deschênes : « Qu'ils
soient les bienvenus nos frères de l'armée : notre concours loyal et entier
les attend et bientôt devant l'ennemi,
comme toujours, nous serons unis dans
une même pensée, la gloire de la France;
dans un même cri : Vive l'Empereur !

Pour détourner l'attention de l'ennemi,
le débarquement de nos troupes se fit

(1) Proclamation de S. M. l'Empereur, 12 juillet.

sur trois points différents des îles d'Aland.
Cet archipel appartenait autrefois à la
Suède. Pierre Ier s'en empara en 1744
pendant que Charles XII, découragé par
la perte de bataille de Pultava, s'obstinait
à demeurer en Turquie, où il s'était ré-
fugié ; attendant un corps d'armée que les
Turcs lui avaient promis, il passait sa vie
au lit à Demotica, petite ville près d'Andrinople. Il ne sera peut-être pas sans intérêt pour vous, Mesdames, de savoir
comment les Alandais reçurent les
Russes la première fois qu'ils sont entrés
dans l'Archipel. C'est un curieux épisode
peu connu, même dans le nord.

C'était en 1808. — Un général moscovite ayant conquis toute la Finlande méridionale, s'empara des Alands et établit
des postes de cosaques dans les différentes îles de l'Archipel.

Les paisibles habitants de ces parages
reçurent les Russes avec étonnement, mais
sans même concevoir l'idée d'une résistance ; qui d'ailleurs, eut semblé impos-

sible. Ils s'étaient donc soumis au joug étranger ; lorsqu'un jour le général russe publia un ordre qui enjoignait, sous peine d'avoir les oreilles et le nez coupés, d'accomplir en vingt-quatre heures un travail qui exigeait un temps beaucoup plus considérable.

Cette menace, qui probablement n'aurait pas reçu d'exécution, inspira néanmoins aux habitants des Alands le désir de la révolte. — Un de leurs magistrats, nommé Éric Aren, accepta le premier la pensée de l'insurrection. —Il ouvrit son cœur à son ami, le pasteur Gummerus, qui lui promit son concours et le sacrifice de sa vie. Ces deux hommes devinrent alors les chefs d'un mouvement tout spontané. — Les chemins furent interceptés. — Une petite troupe mal équipée, mais bien disciplinée, s'avança contre les cosaques, et les fit prisonniers.

Restait encore à vaincre le colonel russe qui occupait de l'île de Kumlinge à l'est de la grande Aland. Il avait publié que si les femmes ne retenaient pas leurs maris chez eux, on les prendrait toutes et on les brûlerait dans une grange.— Les insurgés, sous la conduite de Gummerus, délivrèrent l'île de Kumlinge et furent ainsi les libérateurs de leur patrie. — Aren Eric conduisit les prisonniers à Stockolm. Le roi Gustave IV le combla d'honneurs ainsi que son ami Gummerus. — Mais vous sa vez, Mesdames, avec quelle insouciance ce roi abandonna la Finlande, au sort de laquelle celui des Alands était attaché. — Les Russes revinrent donc après quelques mois et la redoutable citadelle de Bomarsund s'éleva comme une menace pour la Baltique et tout le Nord, jusqu'à ce que le pavillon des puissances occiden- les vint en revendiquer l'indépendance.

Le 8 août 1854, les troupes alliées dé- barquèrent sous la protection des vais- seaux de l'escadre.

Une marche rapide et sans résistance, rapprocha promptement l'armée de la place de Bomarsund. Dès le lendemain les soldats du génie se mirent à l'œuvre ; et de gigantesques travaux furent exécutés comme par enchantement.

« Ce fut dans la nuit du 15 au 16 août, dit l'amiral Parseval Deschêne, Dans son rapport au ministre de la marine, que pour achever l'investissement de la place et ôter à l'ennemi sa dernière chance de retraite, je fis occuper l'île de Presto par un détachement de cinq cents hommes d'infanterie de marine, cent quatre-vingts soldats de marine anglais, mis à ma disposition par l'amiral Napier, et quatre compagnies de débarquement des vaisseaux dirigées par M. le capitaine de frégate Lantheaume, second de *la Zénobie*, sous le commandement supérieur de M. le lieutenant-colonel d'infanterie de marine de Vassoigne.

«Cette occupation résolùment conduite, et l'attaque de la tour de Presto, troisième et dernière sentinelle avancée de Bomarsund, produisirent sur la garnison plus ffet peut-être que je ne m'en étais promis, et provoquèrent en partie, nous n'en saurions douter, les premiers symptômes de découragement, qui se traduisirent, dans la journée du 16, par la reddition de la place après quelques coups de canon de la rade.

« A la vue du pavillon parlementaire, je compris que les intentions de l'Empereur étaient accomplies dans les plus heureuses conditions : *Peu de sang versé pour un grand résultat.* »

La forteresse de Bomarsund fut détruite, les généraux et l'état-major revinrent en France à bord du *Fulton* commandé par M. Lebris Durumain, un des officiers les plus distingués de la marine française.

Deux mille quatre cents Russes furent faits prisonniers, la France et l'Angleterre se partagèrent les mines. — Le général Bodisco, prisonnier sur parole, fut amené au Hâvre avec sa femme et son fils.

L'île d'**Aix** devint la résidence assignée aux autres prisonniers de guerre.

La destruction de Bomarsund est une

perte considérable pour la Russie, et de plus, a prouvé que ces fortifications si belles et si menaçantes, ne résistaient pas à un feu bien dirigé.

Mais hélas ! dès le lendemain de notre victoire, le choléra se déclara dans les îles d'Aland. — à peine l'ambulance avait-elle été construite dans le village de Finby, que tentes et baraques s'encombrèrent de cholériques apportés de toutes parts. Les médecins, pharmaciens, infirmiers et aumôniers rivalisèrent de zèle pour conjurer l'épidémie.

L'amiral Parseval organisa aussitôt un service de santé, que le zèle de ses agents rendit efficace. On eût pu voir des officiers, des chirurgiens, des aumôniers et de simples soldats donner à boire aux malades, les couvrir, et les frictionner. Tout devenait entre leurs mains instruments à frictions : des morceaux d'étoffe de laine, des pans d'habits russes, du foin, et même des orties.

« Mais ce qu'on a unanimement remarqué, c'est le soin pieux avec lequel les compagnies d'infanterie de marine ont toujours et partout veillé à la sépulture de leurs défunts : cela a été plus que de l'esprit de corps, il faut l'appeler de l'esprit de famille. Tous les morts ont eu leur bière et leur tombe séparée, et sur chacune une croix de bois a été plantée avec les noms et le grade du défunt. Des gazons en croix, des arbres verts indiqueront longtemps encore aux populations alandaises que les croyances religieuses sont loin d'être éteintes, comme on le leur dit, dans le cœur des soldats de la France.

« Les épisodes les plus touchants ont réjoui les cœurs jusque dans les jours les plus lugubres. Nous pourrions parler de l'affectueuse tendresse des chefs, des visites des amiraux dans les ambulances et de leurs paroles toujours paternelles ; mais nous avons contemplé un spectacle plus consolant encore c'est celui de la confiante affection du simple soldat pour son officier, et la constance avec laquelle son cœur a été tourné vers les souvenirs de famille. Dès qu'un soldat se croyait en danger, il faisait appeler son lieutenant pour remettre entre ses mains une modique somme d'argent, une montre, une bague, un ruban ou des cheveux, avec prière de faire parvenir le tout, au retour en France, à sa mère, à ses sœurs ou à d'autres chères affections. Nous pourrions en citer un qui remit à son lieutenant quatorze francs, destinés à faire dire des messes dans une chapelle de son pays : c'était un Breton de Plougastel. Un autre, dont la conduite à l'égard de ses parents avait été, disait-il, publiquemeut scandaleuse, donna l'adresse à l'aumônier de *l'Algérie* qui le soignait, le priant de faire faire en son nom des excuses publiques pour ses erreurs de jeune homme. Mais celui-là, Dieu merci ! fera ses réparations lui-même, car, comme bien d'autres, il a recouvré une santé parfaite. »

Beaucoup néanmoins succombèrent; ainsi que le constate la lettre d'un vo-

lontaire de marine ; mais avant de vous
la communiquer, laissez-moi vous dire
que ce jeune homme avait été élevé
par ces prêtres auxquels leurs ennemis
même, confient leurs enfants!.. Et qui,
humbles et résignés dans la persécution,
attendent sans murmure, le jour de la
volonté du Seigneur. Ces hommes, que
plusieurs blâment et que bien peu connaissent, vous les avez déjà nommés et
vous savez que je vous parle des vénérables
pères jésuites... Voici du reste la lettre de
leur élève :

« Cher papa, depuis que je suis ici,
bien des choses se sont passées et de bien
tristes ; si je t'en fais part, c'est que tu le
sauras d'une autre manière. Il y a trois
jours, à dix heures du soir, j'entendis répéter : «Le choléra est à bord ! » Aussitôt
je monte chez le commandant et je lui
dis : « Commandant, je suis à vos ordres
pour soigner les malades ; je ne suis pas
de bord, je n'ai pas de service à faire,
disposez de moi. » Il me serra la main

et me dit : « C'est très-bien, jeune homme ! » avec un accent qui m'a récompensé du sacrifice que je fais de ma vie. Je me suis mis à l'œuvre, les malades nous arrivaient à chaque instant, ils tombaient raides sur le pont; en deux heures ils étaient morts.

Je dirigeais tout, j'avais du commandant le pouvoir le plus absolu sur tout ce qui était dans le navire. Il m'est passé 300 malades par les mains, nous en avons perdu 130. Tout est fini maintenant. Le commandaut en chef m'a présenté à l'amiral en disant : « Voici, amiral, le volontaire qui se conduit si bien. » Cela m'a remonté. Voilà trois jours que je n'ai dormi que sur le pont. Je suis le seul homme à bord qui n'ait rien ressenti. L'équipage m'adore ; c'est à se gonfler d'orgueil, si je ne savais d'où me vient cette force morale et physique ; mais un *Souvenez-vous* en est la cause. Pas un homme n'est mort que dans mes bras ; les officiers s'étonnaient en me voyant. Je suis de fer, toujours en l'air ; Dieu et la sainte Vierge sont avec moi. On envoie le rapport à M. le ministre, je suis déssus.

« Pardonne-moi si je me suis loué, ce n'est pas par orgueil ; mais je ne te cache rien au monde. Ne dis plus maintenant que tu m'aimes plus que je ne t'aime. En pleine mer, entre des mourants et des cadavres, je sais combien tu étais (et vous tous) dans mon cœur. Mets un gros cierge pour moi à Chartres, fais dire par l'abbé de Ségur une messe d'actions de grâces, et donne 200 francs aux pauvres de Montboissier. Surtout ne demande rien pour moi, si l'on m'avait oublié dans le rapport. Je ne voudrais pour rien au monde être ou paraître intéressé. On ne risque pas sa vie pour un ruban ; on la sacrifie à un devoir, à un sentiment, à son pays et à sa foi. »

Ces nobles sentiments m'émeuvent profondément et je voudrais pouvoir dire à tant de jeunes hommes :

Oh ! belle jeunesse de mon pays ! terre

féconde, qui multiplie au centuple la bonne semence déposée en ton sein... Tu es la gloire et l'espoir de la religion, car tu le sais déjà, tous les livres des philosophes ne valent pas la prière que t'enseigna ta mère... Ils ont dit, rions de notre foi, rions de notre espérance, rions de tout ce qu'il y a de saint et de sacré, et pendant que nous y sommes, rions... de Dieu lui-même!..... Hélas! hélas! mais pour rire toujours, il ne faudrait pas que notre cœur souffrît.—Il ne faudrait pas lorsque nous perdons un être qui nous est cher, que notre consolation fût de lui répéter *au revoir*... — Il ne faudrait pas que nous l'aimassions, cette vieille religion catholique, pour laquelle nos pères ont souvent versé leur sang. — Il ne faudrait pas que notre cœur se réjouit de ce que les lances dirigées contre elle, ont formé comme un arc de triomphe au-dessus des croyances de notre jeunesse. — Oh! il y a bien des choses que *il ne faudrait pas*,

car je vous assure, Messieurs, que vous
l'aimez, cette antique religion, qui console vos mères et est la sauvegarde de la
vertu de vos sœurs !

Oh jeunesse ! je t'ai d'abord parlé de
foi et de croyances, parce que je te désire
paix et bonheur... Beaucoup ont célébré
ta vaillance et ta bravoure et nos ennemis
eux-mêmes, déclarent que les enfants de
la France, sont des fils de héros!... Mais
je ne veux pas prendre de glorieux ac-
cents, j'aime mieux te parler cœur à
cœur, car je te sais bonne et généreuse.
Le dévouement et l'héroïsme ont un
parfum qui t'attire, une *odeur de poudre*
enfin, à laquelle tu ne résistes pas. —
Ne t'ai-je pas vue au chevet des malades,
dans la mansarde du pauvre, dans l'asile
des orphelins!... Qui de nous ne connaît
tes bonnes œuvres, ta société de Saint-
Vincent-de-Paul, cette chevalerie de la
jeunesse, qui à elle seule, serait un magnifique éloge, lors même qu'elle ne serait
qu'une exception. Oh! s'il y en a qui le

pensent, qu'ils aillent en Orient, et que de là ils jugent, si elle n'est pas toujours bonne et brave. Je voudrais pouvoir le répéter encore, mais je finis, Mesdames, en vous disant que nos jeunes hommes aiment beaucoup leur mère, et que N. S. Jésus-Christ, en plaçant la sienne au-dessus des saints et des anges, nous a montré que la piété filiale était une vertu de l'Eternité !

CHAPITRE VII.

—

La Crimée. — Les temps fabuleux. — Envahissements barbares. — Domination Romaine. — Les Ghéraï. — Voyage de Catherine. II .— Débarquement de nos troupes. — Les Tartares. — Schamyl.

A l'extrémité méridionale du vaste empire de Russie, dont le front touche les glaces du pôle et va tremper ses pieds dans les eaux de la Propontide et du Pont-Euxin, se trouve un pays plein de soleil et de poésie, et de plus si riche en souvenirs, que son nom seul évoque à l'esprit les divinités de la fable et les héros de l'histoire. — Cette terre, Mesdames, vous en avez beaucoup entendu parler, et déjà vous devinez qu'il s'agit de la Crimée !... Son origine se perd dans la nuit des siècles, mais les historiens y rattachent les noms de héros des temps fabuleux. Ainsi, ils nous parlent des Amazones conquérant la Tauride, d'Iphigénie, la fille du roi des rois, qui s'y réfugia en fuyant l'Aulide et le couteau de Calchas ; d'Oreste et de son fidèle Pylade ; de Jason escorté de ses intrépides nautonniers... D'Hercule et de Thésée enlevant les amazones. Enfin on nous raconte à propos de la Crimée, une foule de faits ou fables, que nous tenons de ces vieux conteurs d'un monde encore enfant. — Soixante dominations ont, à ce qu'il paraît, envahi la Tauride. Parmi les conquérants barbares, figurent les Scythes, les Huns, les Goths et tant de nombreuses hordes que leurs incessantes invasions pendant quinze cents ans, firent de l'histoire de la Chersonèse, un long martyrologe... Ce fut sous la domination gothique que le christianisme pénétra en Tauride ; avant cette époque, elle avait été soumise aux Romains, après que Pharnace, indigne fils de Mithridate, roi de Pont, eut perdu cette courte bataille, dont César rendit compte en trois mots, *veni, vidi, vici*. (Je suis venu, j'ai vu, j'ai vaincu .

Les Russes entrèrent pour la première fois en Crimée, sous la conduite de Wladimir le Grand, qui s'empara de Kherson, mais bientôt il le remit entre les mains de l'empereur de Byzance. — Dans le troisième siècle, les Tartares sortis des steppes de la Sibérie envahirent la Tauride et y établirent la loi de Mahomet. La Crimée fut alors comprise dans un nouvel empire, qui prit le nom de *Kaptchak*. L'Invincible Tamerlan renversa son dernier khan, et nous voyons apparaître les Ghéraï. Cette dysnatie souveraine, qui ne cessa de donner des khans à la Crimée, jusqu'au jour de la conquête des Russes.

En 1702, la puissante et astucieuse Catherine II, profitant de quelques troubles intérieurs, envoya ses troupes en Crimée, qui bientôt s'en emparèrent. La czarine, désireuse de visiter sa nouvelle conquête, y fit un voyage, qui dut rappeler aux habitants de la Tauride, les merveilles des temps fabuleux. — La nudité des plaines fut déguisée par des villages bâtis exprès. Des chaînes de montagnes furent illuminées et l'on aperçut les bois sauvages transformés en jardins anglais. Enfin, ce fut une bien somptueuse usurpation ; espérons que les Français et les Anglais en dépouilleront bientôt les Russes...

Nos troupes débarquèrent en Crimée le 12 septembre 1854. Écoutez le maréchal Leroy de Saint-Arnault, qui raconte cet évènement. « Cher frère, le 14 septembre 1812, la grande armée entrait à Moscou, le 14 septembre 1854, l'armée française débarquait en Crimée. — Les Russes ne sont pas venus s'opposer à notre débarquement qui s'est opéré avec une rapidité et un ordre admirables.

Jamais, frère, tu ne t'imaginerais un spectacle plus grandiose que le débarquement opéré aux cris de : *Vive l'Empereur!* Il n'y manquait que les Russes. La diversion que j'ai fait faire à la Katcha a démontré à tout le monde que j'avais raison et que c'était là qu'il fallait débarquer. Dix mille Russes n'auraient pas empêché cinquante mille Français de débarquer. Aux premiers obus lancés sur leur camp, les Russes ont filé et si la 4e division en avait eu l'ordre, elle aurait pu débarquer seule. Je ne fais pas trop sentir aux Anglais que j'avais raison. Vois-tu, frère, j'ai un flair militaire qui ne me trompe pas, et les Anglais n'ont pas fait la guerre depuis 1815. Je vais presser les opérations, je me défie de mes forces. Ma santé se débat au milieu des crises et des souffrances. Le 14, j'ai passé l'armée en revue aux cris de : *Vive l'Empereur!* Les troupes sont superbes, en bonne santé, pleines d'ardeur et d'entrain. »

Les familles tartares qui habitent encore la Crimée, ne sont ni riches ni puissantes. La tyrannie russe a complètement détruit le caractère guerrier qui autrefois distinguait les habitants de la Crimée. Tous les hommes ont été désarmés, on leur a à peine laissé un couteau pour leur usage personnel, aussi malgré leur sympathie, les populations tartares ne furent d'aucun secours aux armées alliées. Les Anglais eurent particulièrement à souffrir, leurs tentes ne purent être dressées.

Pendant trois semaines les soldats furent exposés à toutes les intempéries de l'air faute de moyens de transport. Les officiers de régiment étaient obligés de porter eux-mêmes leur bagage et trois jours de vivres. Beaucoup succombèrent sous ce genre de fatigues. — Les Français plus ingénieux, avaient de petites tentes de l'invention des soldats, chacun en portait une partie et au moment des haltes on réunissait toutes les pièces, aussi nos soldats se trouvaient-ils garantis contre le froid et l'humidité, ils avaient de plus,

toutes leurs ambulances pour les malades
et les blessés, tandis que nos alliés man-
quaient des choses les plus indispensa-
bles..... Les généraux alliés s'étaient en-
tendus avec Omer-Pacha, pour qu'il opérât
une diversion en Bessarabie et Schamyl, prince circassien, leur avait assuré
pendant sa visite à Varna, qu'il occupe-
rait les Russes en Asie. — Rien de plus
mystérieux, de plus poétique que la vie
de ce Schamyl, cet homme inspiré, ce
guerrier valeureux, ce prophète du Caucase, comme il s'appelle... A de grands
talents militaires, il a su joindre la séduc-
tion du merveilleux, cet irrésistible prestige
des contrées orientales. — Il est là-bas...
On le croit ici... Chacun l'a vu, — les
espions de l'ennemi ont signalé le soir sa
rentrée dans son aoûl. — et le lendemain,
on répond : e Lprophète est en prières...
Il écoute l'Esprit. — Nul ne peut péné-
trer...

Dans le même moment, le chef circassien
paraît au milieu des guerriers et combat

pour la défense des tribus menacées.

Seulement, au milieu de la nuit, Schamyl monté sur un cheval arabe, au pied léger, a franchi d'immenses distances, échelonnées par ces gardiens suprêmes des révélations de l'extase, les fidèles murides, qui loin des villages, tiennent tout sellés les agiles coursiers qui feront croire au miracle.

Les Russes ayant échoué dans leurs entreprises guerrières, eurent recours à leur moyen habituel de conquêtes et n'osant parler d'or à la mère de Schamyl, ils lui représentèrent les dangers et les périls qui menaçaient les jours de son fils.

Ceci se passait en 1843 ; c'était un moment de crise ; l'armée hésitait, inquiète, défiante ; les montagnards frémissants de haine et de colère, faisaient entendre de sourdes menaces ; de funestes présages s'apercevaient au ciel. — Tout enfin, semblait annoncer la dernière heure de l'indépendance du Caucase !

Assis en face de sa mère, Schamyl, dans

un morne silence, écoutait les conseils que lui suggérait sa tendresse.

Lorsqu'elle eut achevé, il se leva en disant : à demain.....

Pendant la nuit, un muride au turban blanc, parcourait la montagne, allant de tribu en tribu porter l'ordre du maître. Au point du jour, les chefs aux vêtements éclatants, l'armée régulière rangée en bataille, les cavaliers accourus de la forêt, formaient une imposante assemblée... A cheval et escortés de ses murides, Schamyl parut devant le conseil de sa nation. Juges et guerriers, dit-il, votre sagesse inspirée de la mienne a déclaré que quiconque prêterait l'oreille aux séductions de l'ennemi serait châtié de la peine de mort... Eh bien, au nom de la puissance moscovite, hier on m'a offert grandeurs et richesses.... La voix qui m'a parlé est la voix d'une femme. — Et cette femme... c'est ma mère !... J'ai fait mon devoir, faites le vôtre : — Et soudain, s'éloignant au galop de son cheval, il alla passer en revue son armée.— Le conseil, dans une inexprimable angoisse , déclara que la coupable avait mérité la mort. — Le son des instruments annonçant la sentence, ramena Schamyl près de sa mère , qui un genou en terre, s'écriait, d'une voix étouffée, la mort!... la mort à moi !... La mère tuée par son fils!.... Et le chef circassien répondait : Juges, la sentence est juste !...

Cependant Schamyl descendant de cheval, s'avance au milieu de l'assemblée, en disant : Chefs et guerriers, je réclame mes droits sacrés. Je suis votre maître et souverain... Comme roi, je commue la peine en cent coups de verges.— Et comme fils.. je prends la place de ma mère !.. Quittant alors son riche vêtement, il s'écria : Je m'agenouille devant la loi, frappez !...

Le chaouce frappa...mais poussés comme par un mouvement électrique, tous les juges se levèrent en s'écriant : justice est faite! — Prince Schamyl remontez à cheval, nous sommes prêts à vous suivre.

De ce moment, la puissance du chef circassien, ne connut plus de bornes. — Le Daghestan tout entier se rangea sous sa loi, et il continua avec des chances diverses, une lutte jusqu'ici victorieuse, contre les envahissements de la Russie.

CHAPITRE VIII.

Bataille de l'Alma. — Les bords de l'Alma. — Les zouaves. — France!

Nos troupes une fois débarquées, s'avancèrent dans l'intérieur des terres et traversèrent un pays dépourvu de bois et peu habité. On n'y voyait ni maisons ni villages et au lieu de routes on ne rencontrait que des sentiers battus. — Une chaîne de collines entrecoupée de ravins conduit par une pente douce sur les bords de l'Alma. Cette rivière coule à travers des steppes au bas d'une éminence élevée de deux à trois cents pieds.

Les Russes résolurent d'empêcher les troupes alliées de franchir cet obstacle. — Le 21 septembre à onze heures, les lignes françaises et anglaises s'ébranlent en masse. — Les hauteurs des éminences voisines sont couronnées par l'armée russe. — Leur artillerie placée sur les crêtes les plus élevées, domine les troupes alliées. — L'infanterie s'échelonne sur les élévations, les ravins, les mamelons. — L'armée française est tout à fait à découvert et entièrement exposée au feu de l'ennemi. — Les colonnes s'avancent, en criant : Vive l'Empereur ! Vive le maréchal ! Un tel enthousiasme leur fait surmonter tous les obstacles. Écoutons la grande voix du maréchal Saint-Arnaud, qui raconte cette immortelle victoire.

» Au quartier général à Alma. Champ de bataille d'Alma, le 21 septembre 1854.

« SIRE,

«Le canon de Votre Majesté a parlé !.. Nous avons remporté une victoire complète. C'est une belle journée, sire, à ajouter aux fastes militaires de la France, et Votre Majesté aura un nom de plus à joindre aux victoires qui ornent les drapeaux de l'armée Française.

« Les Russes avaient réuni hier tout leurs moyens pour s'opposer au passage de l'Alma. Le prince Menschikoff les commandait en personne. Toutes les hauteurs étaient garnies de redoutes et de batteries formidables.

« L'armée russe comptait quarante mille baïonnettes venues de tous les points de la Crimée. Le matin il en arrivait encore de Théodosie... six mille chevaux, cent quatre-vingts pièces de canon de campagne ou de position.

« Des hauteurs qu'ils occupaient les Russes pouvaient nous compter homme par homme depuis le 19 au moment où nous sommes arrivés sur le Bubbanach.

« Le 20, dès six heures du matin, j'ai fait opérer par la division Bosquet, renforcée de huit bataillons turcs, un mouvement tournant qui enveloppait la gauche des Russes et tournait quelques-unes de leurs batteries.

« Le général Bosquet a manœuvré avec autant d'intelligence que de bravoure. Ce mouvement a décidé du succès de la journée.

« J'avais engagé les Anglais à se prolonger sur leur gauche pour menacer en même temps la droite des Russes pendant que je les occuperais au centre ; mais leurs troupes ne sont arrivées en ligne qu'à dix heures et demie. Elles ont bravement réparé ce retard. A midi et demi la ligne de l'armée alliée, occupant une étendue de plus d'une grande lieue, arrivait sur l'Alma, et elle était reçue par un feu terrible de tirailleurs.

« Dans ce mouvement la tête de la colonne Bosquet paraissait sur les hauteurs, je donnai le signal de l'attaque générale.

«L'Alma fut traversée au pas de charge. Le prince Napoléon, à la tête de sa division, s'emparait du gros village d'Alma sous le feu des batteries russes. Le prince s'est montré digne en tout du beau nom qu'il porte. On arrivait en bas des hauteurs sous le feu des batteries ennemies.

« Là, sire, a commencé une vraie bataille sur toute la ligne, bataille avec ses épisodes de brillants hauts faits et de valeur. Votre Majesté peut être fière de ses soldats, ils n'ont pas dégénéré : ce sont des soldats d'Austerlitz et d'Iéna.

« A quatre heures et demie l'armée française était victorieuse partout.

« Toutes les positions avaient été enlevées à la baïonnette au cri de *Vive l'Empereur* ! qui a retenti toute la journée. Jamais je m'a vu d'enthousiasme semblable, les blessés se soulevaient de terre pour crier. A notre gauche les Anglais rencontraient de grosses masses et éprouvaient de grandes difficultés, mais tout a été surmonté.

« Les Anglais ont abordé les positions russes dans un ordre admirable sous le canon, les ont enlevées et ont chassé les Russes.

« Lord Raglan est d'une bravoure anti-

que, au milieu des boulets et des balles
c'est le même calme qui ne l'abandonne
jamais.

« Les lignes françaises se formaient sur
les hauteurs en débordant la gauche russe,
l'artillerie ouvrait son feu. Alors ce ne fut
plus une retraite, mais une déroute : les
Russes jetaient leurs fusils et leurs sacs
pour mieux courir.

« Si j'avais eu de la cavalerie, sire, j'ob-
tenais des résultats immenses, et Menschikoff n'aurait plus d'armée ; mais il
était tard, nos troupes étaient harassées,
les munitions d'artillerie s'épuisaient,
nous avons campé à six heures du soir
sur le bivouac même des Russes.

« Ma tente est sur l'emplacement même de celle qu'occupait le prince Menschikoff, qui se croyait si sûr de nous
arrêter et de nous battre, qu'il avait laissé
sa voiture. Je l'ai prise avec son porte-
feuille et sa correspondance, je profiterai
des renseignements précieux que j'y
trouve.

« L'armée russe aura pu probablement se rallier à deux lieues d'ici, et je la trouverai demain sur la Katcha, mais battue et démoralisée, tandis que l'armée alliée est pleine d'ardeur et d'élan. Il m'a fallu rester ici aujourd'hui pour évacuer nos blessés et les blessés russes sur Constantinople, et reprendre à bord de la flotte des munitions et des vivres.

« Les Anglais ont eu quinze cents hommes hors de combat. Le duc de Cambridge se porte bien ; sa division et celle de sir Brown ont été superbes. Moi, j'ai à regretter environ douze cents hommes hors de combat, trois officiers tués, mille trente-trois blessés.

« Le général Canrobert, auquel revient en partie l'honneur de la journée, a été blessé légèrement par un éclat d'obus qui l'a atteint à la poitrine et à la main : il va très-bien. Le général Thomas, de la division du prince, a reçu une balle dans le bas-ventre, blessure grave. Les Russes ont perdu environ cinq mille hommes.

Le champ de bataille est jonché de leurs morts ; nos ambulances sont pleines de blessés. Nous avons compté une proportion de sept cadavres russes pour un cadavre français.

« L'artillerie russe nous a fait du mal, mais la nôtre lui est bien supérieure. Je regretterai toute ma vie de ne pas avoir eu seulement mes deux régiments de chasseurs d'Afrique. Les zouaves se sont fait admirer des deux armées ; ce sont les premiers soldats du monde.

« Veuillez agréer, sire, l'hommage de mon profond respect et de mon entier dévouement.

« Maréchal A. DE SAINT-ARNAUD. »

Les bords de l'Alma sont admirablement disposés pour une guerre de tirailleurs. — Partout l'on remarque d'épais fourrés formés d'aulnes, de vignes et de jardins entourés de murs épais. — Une large tranchée doublait encore les difficultés du passage, mais vous le savez, nos armées ne connaissent pas d'obstacles. —

Nos soldats combattent d'une façon prodigieuse, habitués à la guerre d'Afrique.
— Ils attaquent avec une résolution inouïe;
— L'orsqu'il faut charger, ils jettent le
désordre dans la colonne ennemie, puis
subitement ils se replient en bloc pour
charger à la baïonnette. — lord Raglan
voyant nos divisions escalader les gigantesques escarpements de l'Alma, s'écriait :
Les Français ne sont pas des hommes, ce
sont des tigres, ce sont des lions. — L'illustre général rendait à nos soldats ce glorieux témoignage en admirant l'héroïque
attitude des Anglais s'avançant stoïque-
ment et à pas réguliers sous le feu de la
mitraille.

Un des moments le plus saisissant pour
les Ecossais, fut peut-être celui où sir
John Campbell demanda comme récompense de ne plus quitter la toque Écossaise,
et s'en revêtit aux yeux des montagnards
enthousiasmés.

Le prince Menschikoff avait une telle
confiance dans les lignes de l'Alma, qu'il

reçut à coups de cravache l'officier venant lui annoncer l'ascension du général Bosquet.

A la bataille de l'Alma les chefs se montrèrent plus que braves. — Le général Canrobert reçut à la poitrine un éclat d'obus amorti, dit-on, par une médaille de la Sainte-Vierge, donnée par une auguste main. — L'héroïsme, vous le savez, se rencontre dans tous les rangs de l'armée. — Aussi voyait-on des zouaves s'élancer presque seuls pour planter les couleurs nationales et qui, atteints de la balle ennemie s'enveloppaient du drapeau de la France, comme de leur linceul.

Je voudrais, Mesdames, vous parler encore de la glorieuse victoire de l'Alma, mais le rapport du maréchal de Saint-Arnaud est si magnifique, qu'il me semble que j'eusse dû m'en tenir là. — Aussi laissez-moi achever en vous disant :

La France est la terre des braves. — La victoire connaît son empire, aime ses drapeaux et se plaît au front de ses soldats.

— Tous proclament sa vaillance et l'église de Dieu, dans ses périls extrêmes, s'est servie de la France comme de son bouclier : — Permettez à mon cœur catholique et français de glorifier cette gloire de sa patrie.

Il nous faudrait remonter le cours de siècles depuis longtemps écoulés, pour apercevoir un de nos rois chassant devant lui les peuplades ariennes.

Puis le mahométisme vaincu dans les champs de Poitiers. — Le cimeterre reculant devant l'épée de nos ancêtres.

L'Europe réunie autour de la croix et la première pensée des croisades venant d'un pape français, Sylvestre II.

Alors apparaissent ces deux siècles de chevalerie couronnés par saint Louis mourant sur la côte africaine.

Enfin le protestantisme combattu par la France, qui plus tard ne reconnaîtra Henri IV, que le jour où il prêtera serment au Dieu de Clovis, de Charlemagne et de saint Louis !

Les catholiques français sont fiers de leur patrie, aussi souhaiterai-je saisir encore la pensée d'un orateur, qui a célébré les droits de la France, à son titre sacré de fille aînée de l'Église. — Mais je m'arrête, Mesdames, mon but est atteint... J'ai voulu glorifier la France.

CHAPITRE IX.

—

Mort du maréchal Saint-Arnaud.

Nous avons maintenant Mesdames à parler de la mort résignée d'un chrétien. — Le maréchal Leroy de Saint-Arnaud rendit son âme à Dieu le 29 septembre 1854. — Le 24 septembre il écrivait à la maréchale :

Au Bivouac, sur la Katcha.

Ma chère bien aimée, je viens de recevoir ton gentil paquet de lettres du 16 au 19. Tu savais le débarquement, mais tu ignorais encore la victoire du 30 à Alma. Cette victoire grandit tous les jours, parce que nous apprenons par les déserteurs russes

des résultats de la bataille et de la démo-
ralisation de l'armée ennemie, qui est rentrée à Sébastopol en déroute, sans s'arrêter nulle part, ni à la Katcha aussi facile
à défendre que l'Alma, ni au Belbeck, dont
ils ont fait sauter les ponts. Ils se sont
retirés derrière leurs remparts et élèvent
des batteries partout. Le général russe
Karatief, surnommé le Brave, aide-de-
camp de l'Empereur, a eu la jambe em-
portée par un boulet. Les Russes ont commis un acte déséspéré qui prouve à quel
point ils sont frappés et terrifiés : ils ont
fermé l'entrée du port de Sébastopol en y
coulant trois de leurs vaisseaux et frégates. C'est un commencement de Moscou.
Cela me gêne beaucoup, parce que cela
me forcera peut-être à changer mes plans
d'attaque et à me porter vers le sud du
côté de Balaclava.

Ma santé.... je n'ose pas t'en parler, ma
femme chérie ; je me soutiens par miracle,
je souffre toujours, je ne mange pas, je ne
dors pas, je digère mal, j'ai de plus un

gros rhume, un fort mal de gorge qui m'empêche d'avaler ma salive, et deux clous sur la poitrine qui me supplicient. Voilà mon état, impossible d'avoir des forces avec tout cela, et elles me manquent. Cependant aujourd'hui je vais moins mal, je souffre moins, j'ai un peu dormi, un peu mangé ce matin.

Deux jours après le maréchal disait à ses troupes :

« Au quartier général, au bivouac de Mentiadié, le 26 septembre 1854.

« SOLDATS,

« La Providence refuse à votre chef la satisfaction de continuer à vous conduire dans la voie glorieuse qui s'ouvre devant vous. Vaincu par une cruelle maladie avec laquelle il a lutté vainement, il envisage avec une profonde douleur, mais il saura remplir l'impérieux devoir que les circonstances lui imposent : celui de résigner le commandement dont une santé à

jamais détruite ne lui permet plus de supporter le poids.

« Soldats, vous me plaindrez ! car le
malheur qui me frappe est immense,
irréparable et peut-être sans exemple.

« Je remets le commandement au général de division Canrobert, que, dans sa
prévoyante sollicitude pour cette armée et
pour les grands intérêts qu'elle représente,
l'Empereur a investi des pouvoirs nécessaires par une lettre que j'ai sous les yeux.
C'est un adoucissement à ma douleur que
d'avoir à déposer en de si dignes mains le
drapeau que la France m'avait confié.

« Vous entourerez de vos respects, de
votre confiance, cet officier général, auquel une brillante carrière militaire et
l'éclat des services rendus ont valu la no-
toriété la plus honorable dans le pays et
dans l'armée. Il continuera la victoire
d'Alma et aura le bonheur que j'avais
rêvé pour moi-même et que je lui envie,
de vous conduire à Sébastopol.

« Maréchal DE SAINT-ARNAUD.

Le maréchal mourut à bord du *Berthollet*, à l'âge de cinquante-quatre ans. Son corps fut ramené à Paris et inhumé dans l'église des Invalides.

D'atroces douleurs avaient miné sa vie. Il a donné le reste de ses forces pour conquérir une nouvelle gloire à la France. La victoire de l'Alma fut son éloge funèbre. — Ses lauriers se sont changés en palmes immortelles, car il aimait son Dieu et servait son pays.

CHAPITRE X.

—

Siége de Sébastopol. — Le fort de la Providence. — Sortie du 12 octobre. — Sentiments religieux des troupes.

Le général Canrobert fut nommé commandant en chef de l'armée d'Orient. — Ce choix fut accueilli avec enthousiasme.

Dès le 27 septembre, l'armée s'était mise en marche pour Sébastopol. Le but de cette expédition était déterminé et restreint. Conquérir une place forte et une province qui pourraient devenir un gage et un moyen d'échange pour arriver à la paix. — Sébastopol n'est point entouré de murailles terrassées, c'est plutôt un grand camp retranché contenant habituellement une armée de quinze à vingt mille hommes protégé par de nombreuses batteries de terre et surtout par la flotte.

Les Russes prirent deux mesures excessivement efficaces pour eux et par conséquent regrettables pour nous. La première, fut la décision énergique de couler bas une grande partie des vaisseaux de guerre, ce qui permit à l'ennemi de rendre son port inaccessible à nos flottes et d'employer leurs marins comme cannonniers au service des batteries. La seconde, fut le mouvement stratégique du commandant en chef, le prince Menschikoff qui, au lieu de s'enfermer dans Sébastopol, se dirigea vers Simphéropol, tint ensuite la campagne et conserva les communications libres avec la place assiégée.

Le siége de Sébastopol fut commencé le 3 octobre 1854. La tranchée fut ouverte, mais les reconnaissances ayant démontré que la place avait un armement composé de pièces de fort calibre et de très-grande portée, il fut décidé que l'escadre débarquerait une partie de son personnel. — Les Français, en cherchant un point d'appui sur la plage, trouvèrent le port de Kamiesh. Les soldats, qui ne se tompent jamais, l'appelèrent le *port de la Providence*.

Le 12 octobre, à une heure du matin, la garnison fit une sortie. On courut aux armes ; mais l'ennemi voyant qu'on était prêt à le recevoir, se retira sous la protection de ses canons. Alors, dit un officier : « Les Russes lancent sur nous des boulets et des obus ; il en pleut de tous côtés plus de cinq cents à l'heure. Nous sommes blottis dans les trous de taupe que nous creusons avec notre sabre et nos doigts, les boulets ne nous atteignent pas trop. La tranchée sera terminée ce soir ou demain, et nous apprendrons à ces cosaques de quelle supériorité est notre artillerie sur la leur.

« Nous sommes si près des Russes que

nous entendons leurs cloches, leurs prières ; nous les voyons se mettre à genoux à cinq heures du soir ; nous entendons rappeler le tambour, faire les commandements, etc., etc. »

« Du reste, les travaux, qui avancent peu le jour, marchent rapidement la nuit. Le tir devient beaucoup plus incertain dans l'obscurité, et dès lors la pioche devient aussi plus active. Les Russes ont pourtant pris des points de repère. Pendant le jour ils mettent un fanal à ces point-là et visent sur ces fanaux, ce qui les porte à peu près en direction.

« Pour visiter nos travaux, écrit un officier, il y a des périls. Le feu de la place est dirigé constamment sur nos batteries, et quand on y passe, il faut avoir l'œil vif. Mais avec de l'adresse on s'en tire ; le danger le plus sérieux est de s'égarer. Les boyaux, les tranchées, les places d'armes, tout cela s'enchevêtre singulièrement. Jetez un écheveau de fil très-embrouillé sur une feuille de papier, et vous eu aurez une idée très-exacte.

« La vie des officiers, tout en côtoyant de très près celle des soldats sous leurs ordres, se rapproche pourtant assez de la vie commune. La toilette seulement est inverse de celle de France ; comme on se couche à peu près habillé, au réveil on se déshabille. Presque personne ne se rase, et les barbes en pleine floraison changent singulièrement les physionomies. — Sauf les armes, qui sont soignées religieusement et avec amour, la tenue n'est pas brillante. »

La vie des soldats occupés à protéger les travailleurs était dure et pénible ; écoutez l'un d'eux qui en parle :

« .... Nous avons toujours été et nous sommes encore en observation. Exempts ainsi des travaux de siège, nous ne sommes point exposés à nous faire tuer ou blesser ; mais nous n'en avons pas moins un service assez pénible. On a d'abord fortifié notre position par des redoutes élevées de distance en distance, et reliées entre elles par un fossé assez profond pour qu'un homme puisse s'y cacher presque entièrement en faisant le coup de feu.

« Depuis quelques jours, un corps d'armée russe, dont la force est évaluée à vingt mille hommes, mais presque tout en cavalerie, se tient du côté du nord de la ville, le seul qui ne soit pas complétement investi. Il campe généralement à Belbeck, tantôt à droite, tantôt à gauche. Dès qu'il s'approche de nos avant-postes, crac ! on nous fait prendre les armes ; puis, au bout d'une demi-heure, quand on sait qu'il n'y a plus rien à craindre, on nous renvoie dans nos tentes. Cela n'arrive pas toutes les nuits, mais, en revanche, cela nous est arrivé deux fois dans la même nuit.

« Ce voisinage importun a fait établir un service d'embuscade exclusivement fait par les zouaves et les chasseurs à pied. Tous les soirs, à six heures, quatre compagnies vont s'embusquer dans un ravin, qui paraît être le seul point par lequel les Russes pourraient tenter une surprise nocturne.

On reste là jusqu'au lendemain matin, et vous comprenez facilement que l'on y dort peu. Le tiers des hommes doit rester debout pendant que les autres se reposent ; mais chacun est trop intéressé à veiller ou tout au moins à écouter, pour que l'on puisse s'endormir : d'autant plus que l'on n'a que son capuchon pour se garantir de l'humidité de la nuit. Nous attrapons ce fourbi-là une nuit sur cinq.

«J'espère, écrit un aumônier, que la Providence prépare à la croix de Jésus-Christ et à notre drapeau un triomphe éclatant, et qu'une fois de plus on verra dans l'histoire la gloire de la France servir à la gloire de Dieu. Nos soldats ont porté la croix en Orient, elle y restera après eux, et ce sera, sans doute, un des plus beaux jours de la vie de la grande nation, que celui où le monde verra ses étendards vainqueurs sur les murs de Sébastopol, et la croix libre et respectée sur les rives du Bosphore.

« Tous ces intrépides combattants de

l'Alma, tous, depuis le général en chef jusqu'aux protestants, portent la médaille miraculeuse et un grand nombre de ces cœurs héroïques battent sous le scapulaire.

« Les malades ne sont pas les seuls à profiter des services du prêtre dans l'armée de Crimée? Non, assurément. Notre tente est ouverte à tout le monde, et beaucoup profitent de la présence du ministre de Dieu pour purifier leur conscience ou pour chercher des consolations désintéressées. En pourrait-il être autrement? En France, la plupart de nos soldats et de nos officiers ont été élevés par des mères chrétiennes.

« Ceci soit dit à l'honneur de notre pays, où les mères, à très-peu d'exceptions près, comprennent si bien la grandeur et la sublimité de leur mission ! Quant aux pères, si tous ne donnent malheureusement pas l'exemple de la pratique religieuse, du moins ils veulent que leurs enfants soient honnêtes, et ils prêtent leur concours aux soins de la mère, ou bien ils ne les entravent pas. Or, dans les circonstances actuelles, au milieu de dangers sans cesse renaissants, la foi parle haut, les jeunes souvenirs se réveillent ; on sent qu'il faut assurer le bonheur de l'autre vie, et on vient au prêtre pour demander l'absolution des fautes passées avec une bénédiction pour l'avenir.

« Le sacrement de pénitence n'est pas le seul motif qui conduise le soldat ou l'officier à la tente du prêtre. Si loin de son pays, sur la terre ennemie, on se trouve souvent bien seul au milieu d'un camp ! Ce père qui a quitté sa femme et ses enfants, peut-être pour toujours, a bien des sollicitudes qui lui rongent le cœur. Ce fils unique a dû dire adieu à un vieux père et à une vieille mère dont il était adoré. Oh ! il y a bien des douleurs et des regrets dans toutes ces poitrines militaires si admirablement généreuses. Mais la douleur est expansive ; elle a besoin de se communiquer. Eh bien, le prêtre est là pour accepter des confidences intimes et rendre les consolations chrétiennes et le baume de la religion en retour des larmes amères de l'humanité.

— Dans l'armée, les officiers ont beaucoup de camarades, mais peu d'amis. Il faut à l'homme souffrant et malheureux, sous peine de se consumer de chagrin dans la solitude de son cœur abreuvé d'amertume, il faut la possibilité de trouver un cœur auquel il puisse s'ouvrir, un cœur tranquille et calme, exempt des petites sollicitudes, de la 'jalousie et de l'ambition, qui puisse le comprendre, lui donner son temps et ses larmes, se donner lui-même et apporter avec soi les consolations de Dieu. Il lui faut un cœur de prêtre. Voilà la pensée qui a présidé à la création de l'aumônerie de l'armée d'Orient. Honneur à ceux qui en ont eu l'initiative et qui l'ont réalisée !

CHAPITRE XI.

—

Bataille d'Inkermann. — A nous les zouaves ! — Tableau
des champs de bataille. — Les Croisades.

La Tchernaïa coule dans une étroite
vallée. Au milieu des marais qu'elle forme
à peu de distance de son embouchure est
assise la ville ruinée d'Inkermann dont
le nom turc, malgré sa consonnance ger-
manique, signifie la *ville d'en bas.* Les lignes
de l'armée d'observation des alliés, d'un
développement d'environ quinze kilomètres, se prolongent jusqu'à l'extrême li-
mite des hauteurs qui dominent Inkermann.

Ledimanche 5 novembre le temps était couvert, un brouillard épais empêchait de voir un homme à quelques mètres. A quatre heures du matin, les alliés entendent sonner les cloches des différentes églises de Sébastopol ; ils ne prêtent aucune attention à ce bruit familier. Cependant un soldat de garde aux avant-postes croit distinguer un bruit de roues dans la vallée d'Inkermann ; il lui semble que des voitures essayent de gravir l'escarpement. Il rend compte de ses observations. — Mais l'on suppose que le bruit provient de chariots, qui vont à Sébastopol par la route d'Inkermann.

Il est un peu plus de cinq heures du matin. Le major général Codrington visite selon sa coutume les avant-postes de la brigade de la division légère.

Il rencontre un capitaine qui lui dit :

Tout va bien ; mais il ne serait pas étonnant que les Russes profitassent de l'obscurité pour attaquer notre position. Ils doivent compter sur le brouillard et sur les effets de la pluie, qui nous engourdit et fait rater nos fusils. »

Le major Codrington s'apprête à rentrer dans le camp, lorsque des coups de feu retentissent sur le versant de la Tchernaïa.

Écoutons le rapport du général en chef de l'armée anglaise :

« Le 5, un peu avant le jour, de profondes colonnes ennemies attaquèrent nos avant-postes, qui couvraient la droite de la position. Ces avant-postes combattirent avec une bravoure admirable et défendirent le terrain pied à pied contre des forces très-supérieures, jusqu'à ce que la seconde division, commandée par le major-général Pennefather, qui s'était immédiatement mise sous les armes, fut arrivée sur le terrain ; elle y prit position avec ses pièces de campagne, en dépit d'un feu très-meurtrier.

Il faut se rappeler que, durant plusieurs semaines, les soldats ont eu, chaque jour, à supporter constamment les plus grandes fatigues, et que beaucoup d'entre eux avaient passé la nuit précédente dans les tranchées.

« Je n'essaierai pas d'entrer dans le détail du mouvement des troupes françaises, je craindrais d'en faire un exposé inexact ; mais je suis fier de l'occasion de rendre hommage à leur courage et aux services qu'elles ont rendus avec tant de vigueur, de payer un tribut d'admiration à la belle conduite de leur chef immédiat, le général Bosquet. Je suis heureux aussi de pouvoir dire hautement combien j'apprécie le précieux concours que j'ai reçu du commandant en chef, le général Canrobert, qui était présent sur le terrain, et constamment en communication avec moi ; je ne puis trop faire l'éloge de sa cordiale coopération en toutes circonstances. »

« Le général Eyre commandait les troupes dans la tranchée. La matinée était fort obscure, il tombait une pluie froide, de telle sorte qu'on ne pouvait guère distinguer que le feu et la fumée du canon.

Cependant il devint bientôt évident que l'ennemi, couvert par des nuées de tirailleurs, et soutenu par de puissantes colonnes d'infanterie, avait porté de nombreux canons de gros calibre, sur des terrains élevés à gauche en face de la 2ᵉ division, tandis que de fortes colonnes d'infanterie attaquaient, avec une grande vigueur, la brigade des gardes.

« De nouvelles batteries de grosse artillerie furent encore placées par l'ennemi sur les terrains en pente à notre gauche. Les pièces mises en position étaient au nombre de 90 en tout, indépendamment des canons de marine et de ceux de la place. Protégées par un feu terrible, accompagné de boulets, de bombes et d'obus, les colonnes russes s'avançaient en grande force, et il fallait que nos troupes fissent de grands efforts de bravoure pour leur résister. A ce moment, deux bataillons d'infanterie française, envoyés au premier signal par le général Bosquet, arrivèrent sur notre droite et contribuèrent très-utilement au succès de notre résistance, encourageant nos soldats et chargeant l'ennemi de haut en bas de la colline, en lui faisant éprouver de grandes pertes. Vers le même temps, une attaque très-résolue fut poussée sur notre extrême gauche, et, pendant un moment, l'ennemi fut maître de quatre de nos canons, dont trois furent repris par le 88ᵉ, pendant que le quatrième était repris par le 77ᵉ, sous le lieutenant-colonel Egerton. Du côté opposé, la brigade des gardes, commandée par S. A. R. le duc de Cambridge, était engagée dans une lutte fort vive.

« La bataille continua ensuite sans se ralentir et sans résultat définitif, l'ennemi mettant en ligne non-seulement toutes ses batteries de campagne, mais celles de la place et ses canons de marine jusqu'à l'après-midi. Alors les Russes commencèrent à fléchir, et bientôt après, quoique le feu ne cessât pas, la retraite devint générale, et l'on vit des masses profondes se retirer par le pont d'Inkermann et gravir les collines opposées, laissant sur le champ de bataille cinq ou six mille morts ou blessés. Ils avaient déjà enlevé des blessés en très-grand nombre. Je n'ai jamais vu un spectacle pareil à celui du champ de bataille; mais je n'insiste pas là-dessus. »

« La bataille d'Inkermann, dit le correspondant du *Times*, fut une des plus sanglantes mêlées qu'on ait vues depuis que le fléau de la guerre est déchaîné sur le monde. »

Des écrivains militaires ont mis en doute qu'aucune troupe ait jamais reçu une charge à la baïonnette; mais dans cette journée la baïonnette a été souvent la seule arme employée. Nous avons aimé à nous persuader qu'aucun ennemi ne ferait face sans fléchir au soldat anglais faisant usage de son arme favorite, et qu'à Maïda seulement l'ennemi avait osé croiser la baïonnette avec lui; mais à la bataille d'Inkermann nous n'avons pas seulement fait des charges inutiles, nous n'avons pas seulement vu des chocs désespérés entre des masses d'hommes luttant avec la baïonnette, nous avons encore été obligés de résister baïonnette à baïonnette à des masses d'infanterie russe qui revenaient sans cesse à la charge et qui s'élançaient sur nos bataillons avec la fureur et la résolution la plus incroyable.

« La bataille défie toute description. Ç'a été une série d'actes d'héroïsme terribles, de combats corps à corps, de ralliements découragés, d'attaques désespérées dans des ravins, dans des vallées, dans des broussailles, dans des trous cachés aux yeux des humains, et d'où les vainqueurs, Russes ou Anglais, ne sortaient que pour se lancer de nouveau dans la mêlée. Personne, en quelque endroit qu'il eût été placé, n'aurait pu voir même une faible partie des épisodes de cette glorieuse journée, car les vapeurs de l'atmosphère, les brouillards et la pluie obscurcissaient si profondément le ciel sur le point où la lutte s'est livrée, qu'il était impossible de rien discerner à quelques pas de soi. »

Quelle scène émouvante et sublime ! Voyez-vous ce faible corps anglais, trahi par une brume épaisse, surpris, pressé, presque écrasé par une avalanche de cinquante mille barbares ? Ils résistent avec leur nationale intrépidité ; ils tomberont tous, s'il le faut ; mais le dernier des survivants tiendra encore droit et ferme le drapeau et l'honneur de la vieille Angleterre. Un cri, cri de vengeance, d'appel à leurs alliés, un cri part : A nous les zouaves ! et soudain deux brigades, zouaves en tête, se sont élancées sur la masse compacte des Russes ; les Français n'ont pas compté leurs ennemis, c'est un calcul réservé à la victoire, ils se précipitent tête baissée, baïonnette en avant, et puissants, irrésistibles comme la foudre, ils font dans la masse assaillante une trouée horrible, une jonchée de cadavres ou de blessés qui se débattent dans le sang et l'agonie.

Vous avez tenu tête à 20,000 Russes, disait aux Anglais le général Bosquet, vous êtes des braves. Hourrah ! s'écrièrent les Anglais, et pour toute réponse, ils enlevèrent le général et le portèrent en triomphe, muet mais expressif témoignage de leur estime et de leur affection pour leurs frères d'armes, car le général était le représentant de tous les braves qui lui avaient prêté leurs bras et leur courage pour humilier l'orgueil moscovite.

Le régiment des Turcs a été magnifique au combat d'Inkermann, et a conquis les sympathies de tous.

« Les Français, comme toujours, dit un journal anglais, se sont battus noblement ; ils ont attaqué l'ennemi avec une impétuosité et un enthouiasme qui enlevaient tout.

« Le 50ᵉ de ligne, en particulier, s'est couvert de gloire : c'était quelque chose de terrible que de le voir charger les flancs de l'ennemi ; à chaque charge, des milliers de tués et de blessés russes tombaient : l'artillerie française s'est également distinguée.

« La brigade française allait enlever les batteries russes, lorsque le général de Lourmel, qui la commandait, reçut à dix pas une balle qui, passant entre la deuxième et la troisième côte, vint sortir par l'omoplate en faisant un trou de sa dimension. Le général ne pâlit pas, il resta à cheval et continua à donner des ordres avec le sang-froid qui le caractérisait sur le champ de bataille ; il sut commander à tel point à la douleur, que le commandant d'Auvergne, aide-de-camp du général de division Forey, qui venait à toute bride, de la part de son chef, le prévenir de faire sonner la retraite, ne s'aperçut pas qu'il fût blessé. Le général de Lourmel donna lui-même les ordres nécessaires pour effectuer ce mouvement, puis, se tournant vers son aide-de-camp, il lui dit : « Je suis blessé. »

« Comme il perdait beaucoup de sang, on lui disait de descendre de cheval, il refusait ; mais il fallut cependant qu'il suivît ce conseil. On le transporta à quelques pas, sous une grêle de balles et de boulets partis de la place.

« La nouvelle de la blessure mortelle du général se répandit bientôt dans l'armée, et fut reçue avec les plus douloureux regrets. De Lourmel était connu, apprécié, aimé de tout le monde et adoré des soldats sous ses ordres. On l'avait surnommé le Bayard de l'armée, à cause de sa brillante valeur. Pendant tout le temps qu'avait duré l'épidémie à Varna, on l'avait vu sans cesse encourageant, soignant les malades, remontant, par sa gaîté et son exemple, le moral des soldats.

Le général de Lourmel vit qu'il était perdu ; il fit demander un prêtre, disant à ceux qui cherchaient à le rassurer : « Il faut toujours être prévoyant. »

Sentant approcher son dernier moment, le général prit la main de son aide-de-camp, et la lui serrant avec calme : « Dites que mes dernières pensées ont été pour Mme de Lourmel, pour ma mère, pour la France et pour l'Empereur . » Et il expira en héros chrétien, sans laisser apercevoir sur son noble visage la plus légère trace de douleur. »

« Après la bataille les corps des Anglais de la garde et des régiments de ligne russes étaient si nombreux, que la terre en était littéralement jonchée. Ils étaient étendus pêle-mêle avec les chevaux tués et blessés. Quelques-uns de ces pauvres animaux se relevaient; ils faisaient un effort suprême, puis retombaient pour ne plus bouger. La lune éclairait par moments ce triste et affreux spectacle.

« Le silence de la nuit n'était troublé que par les cris des malheureux blessés qui se tordaient dans les dernières convulsions de l'agonie. Des hommes avec des litières parcouraient le champ de bataille, cherchant et emportant les survivants. D'autres, avec des lanternes, s'efforçaient de reconnaître les officiers qui avaient manqué à l'appel. Il y avait quelques femmes anglaises qui, en se lamentant, retournaient les corps afin d'exposer les visages des morts à la pâle clarté de l'astre des nuits, pour tâcher de reconnaître leurs maris et leurs frères.

« Quelques-unes de ces figures semblaient doucement sourire ; on eût dit ces braves endormis ; d'autres avaient l'air farouche et ils semblaient encore menaçants, même après la mort. Quelques-uns avaient des poses funèbres. On eût dit que des mains de parents ou d'amis les avaient disposés déjà pour la tombe.

« D'autres étaient demeurés un genou en terre, serrant convulsivement leur arme ou mordant la cartouche. Beaucoup avaien le bras levé, soit qu'ils cherchassent à parer quelque coup, soit qu'ils eussent formulé une prière suprême en rendant le dernier soupir. Toutes ces figures étaient pâles, et le vent qui soufflait avec force, en remuant ces débris d'hommes et d'uniformes, semblait ranimer ces cadavres. On aurait dit que ces longues files

de morts allaient se relever pour recommencer la lutte.

Les hommes blessés par les boulets et
les bombes sont affreusement mutilés :
sans des fragments d'uniforme conservant
les boutons du régiment, il serait impossible de les reconnaître. Par un raffine-
ment de lâche cruauté, dans la soirée, les
Russes envoyaient encore sur le champ
de bataille des bombes qui n'atteignaient
plus que des cadavres.

Ces affreux tableaux nous glacent de terreur, aussi pour nous inspirer des pensées
plus consolantes, laissez-moi, Mesdames,
m'écrier avec un saint évêque :

O vous, illustre nation, autrefois notre
puissante rivale, aujourd'hui notre alliée
fidèle, magnanime Angleterre, puis-je sans
une profonde émotion, vous voir en
Orient mêlée à nos Français ! N'y a-t-il
pas en vous des voix sacrées qui parlent,
de tendres et pieux souvenirs qui s'éveil-
lent !...

Ah! vos pères et les nôtres se sont ren-

contrés là autrefois en ces lieux!... Les
fils sont revenus où s'étaient embrassés
les pères !

CHAPITRE XII

—

Tempête du 14 novembre. — Le *Henri IV*. — Le *Pluton*.
Les hussards naufragés.

Après la journée du 5 novembre, on reconnut qu'il serait impossible de penser à enlever la place tant qu'une puissante armée tiendrait la campagne. — Les généraux en chef, réunis en conseil de guerre, résolurent d'ajourner l'assaut, de rester dans leurs positions et d'y attendre les renforts de France et d'Angleterre en fortifiant leurs lignes de circonvallation. — Cette décision, commandée par la nécessité, faisait entrer l'expédition de Crimée dans une phase nouvelle et en différait le dénouement. — Les rigueurs de l'hiver vinrent le retarder encore. Le 14 novembre, éclata tout à coup le plus formidable des ouragans. — Les vents déchaînés eurent bientôt enlevé les toitures des baraques, brisé les piquets les plus solides, déchiré les tentes. Au bout de quelques heures, il ne restait plus aucun abri à nos malheureux soldats, la grêle, la neige, la pluie ajoutaient à leurs souffrances, le sol détrempé se transformait en un lac de fange, et les sommets des montagnes subitement couverts de neige encadraient cette scène de désolation. La garnison de Balaclava n'eut pas moins à souffrir. L'ouragant y exerça d'affreux ravages. — En mer on eut à déplorer de nombreux sinistres. Qui de nous, Mesdames, n'a senti son cœur s'émouvoir en lisant ces rapports, tristes épopées, dans lesquelles de braves capitaines racontaient douloureusement le triomphe des éléments sur la prudence humaine.

— Le commandant de la corvette à vapeur le *Pluton* disait : « Le dernier j'ai quitté mon navire, le cœur navré, mais avec la consolation, s'il en est une possible pour l'officier qui voit perdre le bâtiment qu'il commandait, de voir tout l'équipage sauvé et de pouvoir dire avec une conscience nette, chacun a fait son devoir.»

Je n'évacuerai pas mon vaisseau, écrivait le commandant du *Henri IV*, tant qu'il en restera un morceau pour me porter et faire flotter nos couleurs nationales. Mes officiers ont agi avec cette parfaite entente du service, ce courage et ce dévouement de cœur dont je vous ai souvent entretenu dans d'autres circonstances, et qui ne pouvaient faiblir dans celle ci. Tout le monde a fait et fera son devoir, jusqu'à la fin avec une entière abnégation ; et si la marine française perd un de ses beaux vaisseaux, on ne peut s'en prendre qu'à la tempête qui a été plus forte que nous, et nous a jetés à la côte malgré tous les moyens employés pour lui résister. » Tous les navires n'eurent pas le bonheur de sauver leurs équipages. Une goëlette du port de Livourne, la *Perseveranza*, affrétée par le gouvernement français pour effectuer le transport des troupes, avait à son bord

vingt-cinq hommes du 4ᵉ de hussards embarqués eux et leurs chevaux. — Dans la
soirée du 14, la *Perseveranza* fut assaillie
par la tempête. — En un instant elle fut
démâtée et jetée à la côte. — Le premier
mouvement du capitaine et de son équipage italien, fut de penser à sa propre
sûreté, et de se sauver dans la chaloupe
qu'ils chargèrent de leurs bagages. — Dix
hussards seulement parvinrent à y prendre
place. — Les autres, refoulés dans le navire, s'accrochaient aux bastingages en
poussant d'horribles cris de détresse. Le
navire était couché sur le flanc, le tillac
incliné vers la terre, à peine éloignée
d'une portée de fusil ; une escouade de marins accourut du port. — On se jeta à la
nage pour aller amarrer une corde à bord,
afin d'opérer le sauvetage des naufragés.
— Mais la mer en furie rejeta sur les galets
les sublimes imprudents meurtris et à
demi-morts.

Alors deux des malheureux naufragés
essayèrent de se sauver eux-mêmes, mais

glacés par le froid, ils n'eurent pas la présence d'esprit de se déshabiller. L'un enjamba par dessus le bord et se jeta à la nage. — Au même moment une lame gigantesque s'abattit sur le navire. Quand elle se retira, l'homme ne reparut pas au dessus de la nappe d'écume qui couvrait les écueils. — Le second hussard ne se laissa pas intimider par cet exemple, il se lança à la mer. — Trois fois il disparut sous des vagues monstrueuses, trois fois il reparut nageant toujours, mais sans pouvoir avancer. L'infortuné était retenu au milieu des lambeaux de la voiture par ses éperons. — Les spectateurs de cette horrible agonie suivaient avec anxiété cette terrible lutte.

La tête du hussard, toujours coiffée de son képi bleu, surnageait encore au dessus des eaux ; par un suprême effort il se souleva tout entier hors de l'eau, suspendu à une corde qui pendait à l'un des mâts. Pendant cinq mortelles minutes, il y demeura cramponné, tantôt plongeant au fond de la mer, tantôt élevé à une grande hauteur, suivant les secousses du navire. Enfin, épuisé de forces, le malheureux hussard lâcha prise et disparut pour toujours...

A ce moment d'autres marins accouraient sur la plage; à l'aide de moyens de sauvetage plus efficaces, ils parvinrent à sauver la plupart des naufragés.

Après la tempête, les Cosaques essayèrent de profiter de cette circonstance pour tuer et piller les naufragés. Dans cette extrémité, les Français donnèrent une nouvelle preuve de leur valeur; écoutez un jeune officier qui parle de la bravoure de l'équipage d'un des vaisseaux échoué:

« Mon cher *Henri* IV a été admirable, mon ami. Figure-toi que le matin du combat, nous avions 160 scorbutiques, c'est-à-dire des hommes sans gencives, ayant les jambes comme des boisseaux et ne pouvant bouger.

« Notre brave et digne commandant Jehenne, voyant son équipage si réduit (surtout par le bon nombre d'hommes que nous avions fournis à terre), envoie demander à l'hôpital si ces braves sont tous trop abîmés, et que ceux qui se sentent capables de servir les pièces se nomment. « Mon cher, il y eut un enthousiasme à faire pleurer ! Sur ces 160, il resta 15 hommes alités, tous les autres crient qu'ils marcheront sur la tête, plutôt que de ne pas se battre. Et les voilà avalant un verre de vin et courant à leurs postes, où ils ont rempli leurs fonctions avec un élan et une énergie qui me laissent encore plein d'admiration. Nous avons donc armé toutes nos pièces, et nous avons eu le bonheur de faire un feu roulant, mais calme et bien dirigé. »

Le soir de ce jour où tant d'émotions avaient brisé les âmes, on vit tous les hommes de l'équipage à leur poste. — A la prière que l'on récite ordinairement en commun, ils étaient aussi calmes et aussi recueillis que si la journée se fût passée au milieu de l'Océan, sur une mer tran-

quille et unie comme une vaste plaine. —
La présence des aumôniers produit à bord
les résultats les plus consolants.

« Voilà trois années qu'existe l'aumônerie
de la flotte, et ceux qui aiment l'Eglise et
les âmes ont la double consolation de
savoir que, d'une part, aux jours les plus
durs, elle a rempli dignement sa haute
mission ; et, d'un autre côté, que toute
notre marine et même notre armée de
terre l'environnent désormais de respect,
de confiance et d'affection.

« J'ai été accueilli, écrivait un aumônier,
avec une bienveillance touchante par les
officiers de tous grades ; il règne ici une
fraternité expansive qui ne se voit nulle
part ; on se sent plus uni sur la terre
étrangère. L'absence du luxe et la communauté de souffrance cimentent l'union.
La courtoisie des officiers français et anglais
rappelle les meilleurs temps de la chevalerie, et les soins prodigués aux Russes,
prisonniers et blessés, nous redisent les
beaux jours du christianisme.

CHAPITRE XIII.

—

Hiver de 1854. — Vie des travailleurs. — Lettre d'un
officier. — Souscriptions ouvertes en Angleterre. —
Visite de Sa Majesté l'Impératrice aux filles de Saint-
Vincent-de-Paul.

L'hiver, au dire des vieillards de
Crimée, se présentait dans des conditions
extraordinaires. Aussi, nos troupes eurent cruellement à souffrir. Le correspondant du *Morning-Post* écrivait, à la
date du 5 janvier :

« Toute la nuit dernière le froid a été in-
tense, le thermomètre s'est tenu à 14 degrés au-dessous de zéro. Le vent nord-est,
qui soufflait avec force à travers le camp,
nous glaçait jusques aux os, et chassait

dans toutes les directions une neige fine et pénétrante. Il est presqu'impossible de se figurer une scène plus triste. Le sol, durci par la gelée, est coupé de nombreuses fondrières, qui, recouvertes par la neige, deviennent comme autant de pièges où l'on tombe à chaque pas. Marcher au milieu des tourbillons de neige qui nous aveuglent est difficile et dangereux ; mais rester dans sa tente c'est chose impossible, Le froid ne s'était pas encore fait sentir à ce point, et nous n'avions pas eu à en souffrir autant : mais, s'il est permis d'en juger par les apparences, il y a tout lieu de craindre que nous n'ayons à passer plus d'une nuit pareille. »

« Nous sommes depuis trois jours ensevelis sous la neige, avec dix degrés et demi de froid, dit une autre lettre datée du 8 janvier. Cette rude température agit principalement sur les jeunes soldats récemment arrivés. Les dragons et les hussards, comme toute la cavalerie de France, souffrent beaucoup ici. Cette nuit, les dragons ont perdu vingt-huit chevaux ; les chasseurs d'Afrique, au contraire, en ont à peine perdu autant depuis qu'ils sont en Crimée. »

« Le train des équipages n'a pas cessé de rendre d'énormes services ; grâce à lui, les troupes ont toujours été dans l'abondance, ainsi que les chevaux. On peut dire avec vérité que les distributions ont été faites aux hommes et aux chevaux avec autant de régularité qu'à l'École militaire à Paris ; mais les chevaux et les mulets de trait sont sur les dents. Ceux des cacolets se maintiennent en bon état, parce qu'ils sont moins surchargés de travail ; il nous faudra néanmoins de grands renforts de France en chevaux, mulets et voitures, surtout si les armées combinées entreprennent quelque chose de sérieux en rase campagne. »

Décembre, janvier et février sont trois grands généraux disait, assure-t-on, le prince Menschikoff, et si les alliés leur résistent, ils sont capables de résister à tout. D'après cette hypothèse, les Français et les Anglais seraient invincibles, car ils firent intrépidement face aux trois auxiliaires du czar ; l'espoir de la victoire et la confiance dans les chefs soutenaient le soldat. Les Français, surtout, se faisaient remarquer par leur héroïque stoïcisme à supporter les plus grandes privations ; sans cesse l'on retrouvait en eux cette vieille gaîté gauloise, cet entrain, enfin, tout particulier au caractère français. Cependant les souffrances étaient grandes et les travaux nombreux, écoutez un soldat qui en parle :

« Nous partons du camp à six heures trois quarts du soir. Chacun de nous est affublé d'un paletot et de guêtres en peau de mouton, et porte le fusil en bandoulière. Dans l'obscurité, on pourrait nous prendre pour un troupeau de moutons. Après une demi-heure de marche, par une pluie froide, dans un chemin bourbeux et rempli d'eau, nous arrivons à

une maison dite la maison du *Clocheton*.
C'est là qu'a lieu le rassemblement des
gardes et des travailleurs. En jetant un
coup-d'œil sur cette maison, on reconnaît
que plusieurs boulets y ont laissé leur trace.
Nous sommes donc dans le rayon dangereux, et il serait prudent de descendre
dans les boyaux de communication, qui
commencent à cet endroit; mais ces communications sont remplies d'eau, et nous
préférons rester à découvert en marchant
sur le revers.

« Quel coup-d'œil, lorsque la nuit,
étant dans la troisième parallèle, on est
tout-à-coup éclairé par une cinquantaine
de bouches à feu, lumière dont on se pas-
serait bien et qui nous éclaire cependant
plusieurs fois chaque nuit ! Dans ce moment, les tirailleurs en embuscade, sont
enveloppés dans leurs capotes à capuchon, et placés derrière le parapet, l'œil
dans le créneau, d'où ils peuvent exami-
ner les mouvements des Ruses.

« Le travailleur, enveloppé dans son paletot en peau de mouton et, ressemblant à un fantôme, quitte son travail pour s'abriter le mieux qu'il peut ; l'homme de garde, qui n'est pas en faction, et qui souvent est accroupi du côté du revers, se lève et cherche un abri plus sûr. Chaque soldat connaît maintenant, au son de la pièce, quel est le projectile qu'on nous envoie, et lorsqu'il est derrière un parapet, il ne craint que la bombe qui peut venir tomber dans la tranchée.

« Les plaisanteries ne manquent jamais, même au moment du plus grand danger, et chaque espèce de projectile a reçu un nom assez bien en rapport avec son effet ou avec sa forme. Si dans le moment de la canonnade, on entend le sifflet aigu d'un boulet, on entend en même temp un soldat qui crie : « *Laissez passer le perruquier !* » Si ce sont des balles, vous les entendez dire : « *Par la chaleur, les mouches à miel sortent de leur ruche !* »

« La mitraille, en tombant, fait un bruit qui ressemble assez à celui que produit un

peloton de cavalerie au trot ; aussi, lorsqu'il en arrive, les soldats ne manquent
pas de dire : « Fantassins, ne craignez
rien, *c'est la cavalerie!* » Les grenades,
lorsqu'elles arrivent la nuit, font un bien
bel effet, et comme elles sont assez dan-
gereuses , les hommes préviennent de
leur arrivée par ces mots: « *Attention,
voilà le bouquet.* »

« Si c'est uue bombe, on la voit arriver
comme une énorme boule de feu, puis elle
annonce son arrivée par un *fiou fiou ;*
alors vous entendez crier : « Gare la
marmite ! » Chacun donne son coup d'œil
et change lestement de place, si elle vient
de son côtè ; à sa chute, tout le monde se
couche, et si elle n'a pas éclaté loin de
vous, vous remarquez, lorsque les éclats
sont retombés, que chacun se lève et
promène autour de soi un regard inquiet.
Si tout le monde est debout, le mot pour
rire ne manque pas d'arriver, et chacun
reprend son poste immédiatement. »

« Nous vivons dans un immense triangle, écrit un officier, ayant pour base une route que nous avons faite et qui ira de Kamiesch à Balaklava en passant par les deux grands quartiers généraux ; il a pour sommet Sébastopol et Inkermann. L'armée de siège est campée sur plusieurs lignes parallèles à la route, l'armée d'occupation s'étend sur le côté qui va de Balaklava à Inkermann. Le troisième côté, c'est la mer.

« A deux kilomètres environ avant d'arriver à Sébastopol, les camps cessent. Le plus avancé est celui des volontaires ; il se trouve entre le clocheton du quartier général de la tranchée et l'ambulance de la tranchée, au penchant d'un petit ravin qui termine une plaine assez étendue sur laquelle commencent nos attaques.

« Pour visiter nos travaux, il y a des périls. Le feu de la place est dirigé constamment sur nos batteries, et, quand on y passe, il faut avoir l'œil vif. Mais avec de l'adresse on s'en tire ; le danger le plus sérieux est de s'égarer. Les boyaux, les tranchées, les places d'armes, tout cela s'enchevêtre singulièrement. Jetez un écheveau de fil très-embrouillé sur une feuille de papier, èt vous en aurez une idée très-exacte.

« La vie des officiers tout en côtoyant de très près celle des soldats sous leurs ordres se rapproche pourtant assez de la vie commune. — La toilette seulement est inverse de celle de France ; comme on se couche à peu près habillé, au réveil on se déshabille, presque personne ne se rase, et les barbes en pleines floraison changent singulièrement les physionomies. — Sauf les armes, qui sont soignées religieusement et avec amour, la tenue n'est pas brillante.

«Nos vêtements, écrivait un autre officier, sont de toutes les formes et de toutes les couleurs, excepté des couleurs et des formes connues, et sur le tout de la boue d'une semaine, rafraîchie chaque jour par de la boue nouvelle : tel est notre aspect, aussi laid que nouveau. Ce matin en revenant d'un trou boueux où nous avions passé la nuit de grand'garde, je riais en voyant derrière moi ma compagnie. Il n'y a pas de bohémiens d'un aspect plus varié. Il avait plu toute la nuit, bien entendu, et, comme chaque homme s'ingénie pour se préserver de l'eau, il en résulte le plus bizarre assortiment d'effets sans nom, formé de mille débris russes, anglais et francais, mais où ces derniers sont en minorité. Ce que je dis du 27e s'applique à toute l'armée. Un bariolage étrange, pittoresque, incroyable, inouï et dont je ne saurais vous donner une idée. »

Ce style, inspiré par la vaillance à supporter les privations, ne nous révèle pas les réelles souffrances de notre armée d'Orient. — Mais vous les connaissez, car, Mesdames, vous vous souvenez des preuves de charité qu'elles vous inspirèrent, j'en suis certaine. — Tout à l'heure je vais en parler, mais par courtoisie pour nos alliés, je veux commencer par dire que des souscriptions furent, de tous côtés,

ouvertes en Angleterre. La reine Victoria avait déjà chargé une commission
d'organiser une caisse patriotique et de
pieuses filles anglaises étaient allées en
Orient, pour soigner les blessés. — Mais si
l'Angleterre donna des preuves de sa
générosité, vous savez aussi que la France,
cette patrie des bons cœurs, ne demeura pas en arrière. Dans chaque province on fit des collectes. Paris, la ville
des larges idées et des généreuses ins-
pirations, donna comme toujours, l'impulsion première. Des dons de toute
nature furent adressés au ministère de la
guerre. Le règne de la charité s'étendait
partout. Les ouvriers donnèrent la dî-
me de leur salaire. — Les malheureux
offrirent l'obole du pauvre. Les riches,
naturellement déployèrent leurs larges-
ses. Une dame consacra cinquante mille
francs à l'achat de viandes conservées.
Une autre accapara les jambons pour les
envoyer au général Canrobert. Nous
connaissons la lettre, qui, accompa-

gnant un envoi considérable de cigares, énumérait les charmes renfermés dans une bouffée de tabac, et était signée, *une dame qui ne fume pas.* Les salons furent érigés en ateliers où l'on faisait de la charpie. Chacun s'y mettait, vieillards, femmes et enfants. L'exemple avait été donné par S. M. l'Impératrice, chaque jour elle faisait de la charpie. — Nous savons toutes que Sa Majesté, non contente de dépenser deux cent mille francs en vin et en sabots, envoya encore aux soldats de l'armée d'Orient, des médailles de la sainte Vierge. — Quelque temps après, l'Impératrice se rendit rue du Bac, à la maison mère des filles de Saint-Vincent-de-Paul, afin de les remercier, soins qu'elles prodiguent à nos soldats blessés. — Comme j'ai eu l'honneur d'assister à cette visite, je suis très à même de vous la raconter.

Dans leur simple chapelle, sept cents religieuses environ étaient réunies ; l'autel étincelait de lumières ; les fleurs mê-

laient leurs parfums et chaque cœur priait
pour l'auguste visiteuse dont on attendait
la venue.

Bientôt l'Impératrice parut, donnant la
main à la Supérieure. — En entrant à la
chapelle, Sa Majesté s'agenouilla et les
religieuses entonnèrent le *Domine sal-
vum fac Napoleone*. La prière achevée,
l'Impératrice se leva pour aller visiter la
communauté.

Quand je la vis entourée des filles de
Saint-Vincent-de-Paul, j'ai bien compris
ce que le discours de l'aumônier venait de
nous apprendre, c'est-à-dire, que l'Impératrice avait voulu autrefois devenir.....
sœur de charité...

La visite fut longue, car l'on parla de
la misère des pauvres, des souffrances
à adoucir et des malheurs à consoler.
Enfin, accompagnée des remerciements
des servantes des pauvres pour les abon-
dantes aumônes qu'elle leur avait laissées,
Sa Majesté remonta dans sa voiture.
En la voyant s'éloigner, nos cœurs émus

se disaient : Oh ! ces bénédictions-là lui porteront bonheur !....

Les souffrances de l'armée d'Orient étaient la constante préoccupation de tous. — l'Empereur fit dresser dans le jardin des Tuileries des modèles de tentes et de baraques, afin de choisir lui-même celles qui seraient pour le soldat un plus sûr abri. — On pensait à tout, même aux rations d'eau-de-vie, qui furent une partie des étrennes de l'armée ; aussi en voyant tant de soins touchants, bien plus de huit millions de cœurs s'écrièrent : Vive l'Empereur !..

CHAPITRE XIV.

—

Expédition de Yalta. — Affaire de Petraupolowski. — combat naval du 17 octobre. — Baie de Kamiesch. — lettre d'un soldat.

Je voudrais maintenant, Mesdames, vous parler un peu de nos expéditions navales, et j'ai le désir de commencer par celle de la Yalta, car ce nom ne rappelle que de riants et pacifiques souvenirs.

Le contre-amiral Charner avait reçu l'ordre d'aller s'emparer des approvisionnements de vins et de farines, que l'on disait devoir se trouver dans des magasins appartenant au gouvernement russe. —La division anglaise était composée du vaisseau le *Sans pareil*, de la frégate la *Tribune* et la corvette le *Vesuvius*. — La marine française était représentée par le *Napoléon*; les frégates à vapeur la *Pomone*, l'*Ulloa* et enfin par l'aviso la *Mégère*. Un transport à vapeur français et deux anglais furent adjoints aux navires de guerre. — Le soir, la division appareilla et navigua toute la nuit en masquant ses batteries. Au point du jour, on aperçut derrière les falaises les gracieux clochetons moscovites du magnifique palais d'Orienda, qui appartient à l'impératrice de Russie.

En approchant de terre, les marins furent frappés de la beauté et de la richesse de la végétation. Partout, on apercevait des vignes magnifiques, d'une verdure luxuriante et d'une admirable variété de tons. Près de Yalta, le contre-amiral ordonna le branle-bas de combat; mais bientôt on découvrit que la place était complètement abondonnée par les Russes. Les seuls habitants du pays, les Tartares, reçurent les Français et les Anglais avec un cordial empressement.

Les alliés visitèrent toute la contrée. Ils se rendirent au château du prince Potoswky, dont ils parcoururent les vastes celliers. Ils visitèrent aussi le magnifique château du prince Woronzoff, mais les officiers résistèrent à l'aimable offre de l'intendant, qui les engageait à chasser le cerf et le chevreuil qui peuplent le beau parc du prince moscovite.

Malgré toutes ces prévenances, on avait cru devait prendre des mesures de sécurité, et des embarcations armées stationnaient devant la ville, pour prévenir les attaques des cosaques, que l'on savait être dans les environs.

La division quitta Yalta après avoir heureusement accompli sa mission et ayant donné l'exemple de la plus honorable modération. Cette visite fit connaître le sol et les riches productions de la Crimée.

Je me suis étendue avec plaisir sur cette expédition, car j'en ai une autre à vous raconter, qui va me forcer à vous prononcer des noms bien barbares. Jugez-en tout de suite, Mesdames, il s'agit de l'affaire de Petropaulowski... Je ne doute pas que vous ne sachiez, que le Kamtchatka, péninsule de la Sibérie, est, en Asie, une des possessions les plus importantes des Russes, car elle les met à même d'exercer leur influence sur le Japon, la Chine, la Micronésie et la Polynésie septentrionale. Le principal port du Kamtchatka est Avatscha ou Petropaulowski. — Sitôt que la nouvelle de la déclaration de guerre fut connue, les autorités moscovites pensèrent à fortifier la place; aussi la flotte, sous le commandement des contre-amiraux Febvrier Despointes et Price, eut à subir de violents combats. — Elle était composée des frégates françaises *l'Eurydice*, *la Forte*, du brick *l'Obligado* et de la corvette *l'Artémise*; des batiments anglais *le Président*, *l'Amphitrite*, *la Pique*, *le Virago*, et *le Trincemolé*.

Les gouvernements alliés avaient entrepris cette campagne, parce que la présence d'une division navale russe, sur les côtes de la Chine et du Japon, donnait des craintes pour la sécurité du commerce des nations occidentales. Au moment de mouiller sur la rade de Petropaulowski, les navires alliés furent accueillis par le feu de toutes les batteries. Heureusement, ils étaient à trop grande distance pour que les boulets les pussent atteindre.

Le lendemain on se prépara au combat. Un officier anglais fut chargé de faire des reconnaissances ; il désigna une batterie que de faibles fortifications abritaient à peine. Un boulet bien dirigé vint frapper la pièce que les alliés voulaient démonter ; elle se dressa droite sur ses affûts brisés et fut mise hors de combat. Quelques instants après, une affreuse nouvelle circulait parmi les alliés. Le contre-amiral Price était mortellement atteint. Son pistolet était parti entre ses mains, et la balle lui avait traversé le cœur. Les tambours battent la retraite, le combat est suspendu. Le lendemain une frégate française se dirige sur la baie de Tarinski, où l'on inhume le corps de l'amiral Price.

Un conseil de guerre est réuni à bord d'un vaisseau anglais : une deuxième attaque est résolue. On débarquera sept cents hommes des deux nations. Les marins anglais et les pelotons d'élite français formeront un corps de carabiniers ; les troupes de débarquement sont dirigées vers la partie basse de la presqu'île. Ces dispositions prises, le combat recommence. Les feux se croisent. Un magasin d'huile est désigné aux canonniers. Un commandant français promet un grade à celui qui l'incendiera. — Le premier obus éclate dessus. Le magasin est en feu et les troupes de débarquement se mettent en marche. Elles enclouent les batteries russes abandonnées. Les carabiniers, suivis du reste de la troupe, s'élancent au pas de course sur les hauteurs. Une fusillade s'engage de tous côtés au milieu de buissons épais et de broussailles pres-

que impénétrables, ils poursuivent un
ennemi invisible dont les balles les déci-
ment ; le capitaine Parker est frappé d'une
balle, à la tête des marins anglais. —
M. Bouraset tombe à côté de lui ; M. Lefè-
vre, lieutenant de vaisseau, est tué. —
M. Howard, aide-de-camp de l'amiral anglais, a le bras fracassé d'une balle.

En présence de la lutte dispropor-
tionnée qui s'engage, on donne aux
troupes l'ordre de rembarquement. —
Cent hommes s'embusquent pour arrêter
les forces russes ; protégés par ce feu bien
nourri, les Anglais et les Français em-
portent à bord une partie de leurs blessés.

Le premier résultat que l'on se propo-
sait est atteint, les batteries russes sont éva-
cuées, leurs canons sont encloués ; pousser plus loin eût été s'exposer à des pertes
considérables et on ne pouvait faire un
siège en règle de vastes forêts dont on
ignorait la profondeur et les issues.

Nos vaisseaux capturèrent quelques
bâtiments russes ; un, entr'autres, ma-

gnifique trois mâts, se rendit sans combat.
— La cargaison fut estimée à plus d'un
million de francs.

Je vous ai raconté des expéditions fort
intéressantes, mais je me reproche de ne
pas avoir encore parlé d'un combat naval
qui offre un aspect plus saisissant. — Il
s'agit de celui du 17 octobre; dont vous
vous souvenez, car vous avez été frappée
de la mort de M. Sommeillier, cet officier d'ordonnance qui fut coupé en deux
et lancé à la mer; des blessures de M. Zédé
qui eut les deux jambes fracassées; de
M. de la Bourdonnaye, dont un boulet
emporta la tête; de tant d'autres, enfin,
au souvenir desquels notre cœur est ému
de tristesse.

Le vaisseau amiral, la *Ville de Paris*,
reçut près de deux cents boulets. Pendant
le combat, une bombe fit éclater la du-
nette sur laquelle se trouvait l'amiral Hamelin. Ses aides de camp furent tués à sés
côtés. Le jeune enseigne, Emmanuel
Hamelin, qui faisait partie de l'état-

major, se montra, par son héroïsme et sa bravoure, le digne fils du vaillant amiral.

Nous reparlerons de la part active prise par la marine dans le bombardement du 17 octobre; mais, pour le moment, j'ai à vous dire un mot sur la position qu'occupaient les flottes chargées d'assurer le transport et le débarquement des troupes. La flotte anglaise était à l'ancre à Kazatch, dont le nom signifie baie des Cosaques. Je me souviens de vous avoir dit que les soldats français avaient surnommé la baie de Kamiesch, *le port de la Providence;* on l'appelle aussi la baie des Roseaux. — Des embarcations avaient été établies pour la cavalerie, l'infanterie, et les marchandises. La ville de Kamiesch était transformée, des magasins militaires et les bureaux des diverses administrations avaient été établis sur le bord de la mer. De chaque côté de la principale rue, appelée la rue du Commerce, s'élevait une ligne de baraques et de boutiques, renfermant généralement des vêtements et des conserves alimentaires.

Une route macadamisée communiquait au quartier du général Canrobert.

Au large de la baie de Kamiesch se tenaient en sentinelles avancées : le *Vauban*, la *Panama* et le *Jean-Bart*. La frégate le *Pomone* gardait l'entrée du port. — Derrière la *Pomone* se tenaient le *Montebello*, le *Marengo*, le *Montezuma* et l'*Alger*.

Les Russes tentèrent une seule fois de troubler la sécurité des escadres alliées, leur infructueuse démonstration servit seulement à prouver qu'il existait une passe dans la baie de Sébastopol. L'amiral Bruat eut l'idée de l'explorer. — Un soir, il fit appeler quelques officiers dans sa cabine : « Messieurs, leur dit-il, nous allons visiter cette nuit la passe de Sébastopol et nous rendre compte de son véritable état. »

La proposition fut accueillie avec joie ; il y avait un immense péril à braver et un grand service à rendre. — Il n'en faut pas tant, vous le savez, pour enflammer le courage des marins français...

Des chaloupes sont aussitôt réunies ; et l'on part. La nuit favorisait l'expédition. Le bruit des rames est étouffé. La passe est traversée dans le plus profond silence. La chaloupe de l'amiral est en avant ; de sa main, il touche la chaîne qui ferme le port militaire.

Pas une vedette n'avait aperçu les frêles embarcations, mais le jour commençait à poindre, l'alarme fut donnée et ce fut à travers une grêle de projectiles que la petite expédition dut opérer son retour. Pas un officier, pas un matelot ne fut atteint.

Peu de jours après, le vice-amiral Bruat fut appelé à la direction de la flotte- Il remplaçait le vaillant vice-amiral Hamelin, nommé amiral, et qui devint ministre de la marine. — Le vice-amiral Dundas, dont le temps expirait, laissait au contre-amiral sir Edmond Lyons le commandement de l'escadre anglaise.

Plus tard, nous reparlerons de notre vaillante marine et des immenses services qu'elle rend, mais pour l'instant j'achève, en vous communiquant une lettre qui n'y a aucun rapport. Seulement elle exprime de pieuses pensées, et je sais qu'avec vous, Mesdames, ces sentiments-là sont toujours les bienvenus :

« Je trace ces quelques lignes pour vous, mes bons parents (écrivait un jeune capitaine du département d'Indre-et-Loire), afin qu'elles vous soient envoyées dans le cas où la guerre viendrait à m'enlever à votre affection.

« Je vous les adresse à tous les deux, à toi, ma pauvre mère, à toi, mon père bien-aimé. Mon cœur saigne pour vous en songeant qu'un jour peut-être vous lirez ces lignes.

« Tous les souvenirs de mon enfance, de mes parents, de mon pays, s'offrent à ma mémoire, et je verse des larmes... sur votre douleur.

« Mais pourquoi tant s'attrister ? N'y a-t-il pas pour nous une force contre toutes les douleurs ? Cette consolation, grâces vous en soient rendues, mes bons parents, je la possède. Permettez-moi de vous la rappeler. Je n'ai pas oublié les préceptes divins de la religion chrétienne, et si je meurs, je mourrai en remerciant Dieu et la France d'être né chrétien et Français.

« Prenez donc les choses d'un point de vue un peu élevé. Le corps de votre fils, qui restera en Crimée avec tant d'autres victimes de la guerre, ce corps n'est qu'une bien petite partie de son être. Il est aussi bien dans cette terre de Crimée que dans le cimetière de B... Mon âme vivra, et un jour, dans un temps qui n'est pas éloigné, elle retrouvera les vôtres dans le séjour des bienheureux. Ce que je dis-là est vrai... est certain... j'en ai la conviction la plus absolue.

« Négligeons donc cette dépouille mortelle, qui n'est qu'un point dans l'immensité, qui n'est rien. Ne pleurons pas trop...

Quelques jours de plus ou de moins dans la vie, que sont-ils dans l'éternité ?.. moins qu'une goutte d'eau dans l'Océan.

« Cette vie, je la sacrifie volontiers à mon pays, à la cause de l'humanité et de la civilisation; j'ai vécu plus de la moitié de ce que vivent la plupart de ceux qui fournissent une carrière complète. Faut-il donc se désoler pour vingt-cinq ans d'une existence dans laquelle j'aurais certainement.... sans aucun doute... plus de chagrins que de plaisirs ; faut-il regretter vingt-cinq ans de misère, quand la mort me donne une éternité heureuse, j'ose l'espérer, car j'ai toujours été honnête homme et chrétien. » — Ah ! quelle est belle cette philosophie chrétienne, qui nous donne de si hauts enseignements, quelle est belle cette religion qui nous donne tant de force, pour suivre la ligne immuable du devoir.

CHAPITRE XV.

—

Sébastopol. — Inquiéter son ennemi et gêner ses travaux. — Sortie du 1er décembre. — Le 20 décembre. — Le Camouflet. — Le Lasso. — Ordre général. — Fatale méprise.

Devant Sébastopol, les assiégeants, au moyen de pinces, de pics à roc, de pétards, avaient triomphé des difficultés d'un terrain granitique.

« Les tranchées allaient toujours en se rapprochant de la place, et l'on peut affirmer, écrivait un officier, que si nos moyens offensifs sont grands, les efforts de la défense sont à la hauteur du danger. Il

serait puéril de se le dissimuler, Sébastopol est aujourd'hui bien plus complètement armé, bien plus efficacement défendu qu'il ne l'était lors de nos premières
attaques. Bien que la première enceinte
ait beaucoup souffert, les retranchements
et les traveaux élevés par les Russes com-
pensent largement ces premiers désavan-
tages. On peut dire que la ville propre-
ment dite n'a pas souffert sensiblement ;
mais le faubourg de la marine et le quartier tartare sont détruits : il est vrai qu'ils
se trouvent hors de l'enceinte. On distingue très-bien, des hauteurs occupées par
les Anglais, ce qui se passe dans la ville.
Quoi qu'on en ait dit, tout annonce qu'il
n'y règne aucune confusion. L'ordre le
plus parfait paraît présider à tout ce qui
s'y passe. Les habitants circulent, les troupes paraissent aller et venir sans préoccupation. Sur plusieurs, points on aperçoit
de longues lignes de fusils en faisceaux.
On remarque dans ce mouvement une
absence complète de femmes et d'enfants.

Les Russes ne perdent rien de tout ce qui se fait dans notre camp.

« Il faut bien reconnaître aussi que ce système de tir continu a une influence sur la marche de nos travaux de siége. Quelque aguerries que soient des troupes, quelle que soit la profondeur des tranchées, elles ne travaillent pas sous les projectiles avec le même sang – froid que si elles n'étaient pas inquiétées. L'homme qui a les deux jambes dans l'eau jusqu'à la cheville et qui, de temps à autre, reçoit des obus ou des bombes par-dessus la tête, n'a guère de facilité dans ses mouvements. Il ne se gare du feu qu'en se plongeant dans l'eau, et s'ils sort de l'eau il s'expose au feu. Cette loi, la plus simple de l'art : *Inquiéter son ennemi et gêner ses travaux,* les Russes n'ont cessé de l'appliquer avec une constance d'autant plus tenace, que les canons et les munitions ne leur manqueront que le jour où nous serons maîtres de la ville.

« Encouragés par l'impunité, ils travaillent avec une ardeur, et une habileté qui font honneur à leurs ingénieurs. Ils appliquent dans toute sa rigueur cette donnée : qu'il faut trente-six heures pour construire et armer une batterie. Il est vrai qu'ils sont bien tranquilles et que les matériaux que nous allons chercher si loin sont tout portés pour eux. A peine avons-nous ébauché nos batteries, creusées dans le rocher, que l'ennemi en démasque deux toutes armées qui les détruisent.

Les assiégés prodiguaient leurs projectiles et multipliaient les sorties. Les escarmouches auxquelles donnaient lieu leurs tentatives se ressemblent presque toutes. Les Russes profitaient des ténèbres pour s'approcher des batteries anglaises ou françaises, tuaient quelques hommes et étaient eux-mêmes repoussés avec perte dans la place. — Ces entreprises se renouvelaient presque chaque nuit, aussi je ne vous parlerai que de quelques-unes.

Le 1ᵉʳ décembre vers 8 heures du soir, la nuit était très-obscure le vent soufflait avec violence, l'ennemi sortit de Sébastopol en forces assez imposantes. — Après le premier mouvement de surprise, les Français fondirent sur eux, les poursuivirent à la baïonnette jusqu'aux murs de la ville, en bravant tous les feux ouverts

La journée du 20 fut signalée par une sortie russe et par une reconnaissance française dans la vallée de Baïdary. Un poste russe fut mis en fuite sans coup férir. Afin de rendre plus efficace la garde des tranchées, le général Canrobert créa un corps de volontaires dont la mission était d'éclairer la nuit les abords des travaux. Dans la nuit du 17 au 18 janvier, les Russes assaillirent les parallèles françaises sur deux points différents. Ecoutez un officier qui raconte cette sortie.

« ... Elle a été très - habilement et fort bravement menée, comme la précédente. Mais l'ennemi a été reçu avec un aplomb remarquable par la légion étrangère, dont deux compagnies gardaient le point attaqué par lui. Des deux compagnies, près de la moitié était occupée aux travaux des tranchées; 110 hommes à peine étaient sous les armes. Leur fermeté permit à leurs camarades d'accourir et d'engager une lutte sérieuse. Les Russes étaient comparativement fort nombreux, 6 à 700 hommes résolus. La mêlée a été très-sérieuse, et l'ennemi ne s'est retiré qu'en combattant.

« Un officier et quelques hommes ont été victimes de leur ardeur. Les Russes ayant fléchi devant eux, ils redoublèrent d'énergie et les mirent en fuite. Le sous-lieutenant des Ecots, suivi de dix grenadiers, les poursuivit l'épée dans les reins. Mais l'ennemi s'aperçut de leur faiblesse et effectua un retour offensif qui lui permit d'envelopper et de faire prisonnier le faible détachement qui était à sa poursuite.

Le lendemain, un parlementaire vint réclamer le corps d'un officier russe. Il donna de bonnes nouvelles des prisonniers.

Une petite lutte souterraine eut lieu le 30 janvier. Deux Français, mineurs du génie, creusèrent un boyau, mais l'ennemi découvrit ce travail et pratiqua une contre mine, dans l'intention de leur *donner le camouflet*, c'est-à-dire, diriger une explosion de nature à les asphyxier ou à les engloutir. — L'expérience, malheureusement, réussit, et on eut à déplorer la mort de plusieurs mineurs.

Le 15, vers onze heures du soir, les francs-tireurs signalèrent une nouvelle sortie où l'on vit pour la première fois figurer une bande de chasseurs munis de *lassos*.

« Les forces des assaillants étaient importantes, écrit un officier ; une assez forte colonne était soutenue par un corps de réserve dont j'ai à vous entretenir d'une façon toute particulière.

« Ce corps, composé d'hommes spé-
ciaux, très-agiles, très-adroits, n'était
armé que de cordelettes assez fines, mais
solides, terminées par un nœud coulant.
Arrivés à portée des batteries, et pendant
l'affaire, ils lançaient d'une grande distance sur nos soldats ce lacet, qu'ils savent
manœuvrer avec une grande dextérité.
Les blessés eux-mêmes n'étaient pas à
l'abri de cette attaque d'un nouveau
genre.

« On nous a dit que ce procédé de combat était employé dans le Caucase. Fort
bien ; mais, comme nous ne sommes pas
les populations semi-sauvages de la Cau-
casie, nous n'avons pu nous empêcher de
flétrir ce mode barbare, indigne d'une
armée européenne.

« Tout dans cette sortie a été singulier.
Evidemment elle a été organisée par un
homme habile et d'une grande audace.
Ces lacets, les armes particulières que
portaient les officiers, des épées longues,
droites, à garde de poignard, les clous

et marteaux pour l'onclouage des pièces
trouvés dans leurs poches, tout révèle
une attaque préparée et conduite par des
hommes qui font bon marché de la vie.

La création de cette barbare chasse au
lasso est attribuée au général Osten-
Saken :

« Isolément ou par petits groupes, ces
hommes rampent, à l'instar de nos enfants
perdus, jusqu'au pied du revers de la tranchée ; ils se dressent soudain et lancent
avec une dextérité extraordinaire le lacet,
sur les officiers de préférence, et au besoin
sur les soldats, puis, au milieu d'une grêle
de balles, courent rapidement vers la ville,
entraînant leur malheureuse victime ; à
demi étourdie et si complétement empê-
trée, qu'elle ne peut faire un mouvement
pour se débarrasser ou opposer la moin-
dre résistance. J'ai vu hier au débarquement de malades venant de Crimée, un
soldat français apportant avec lui un lacet
russe dans lequel il a été pris et entraîné
l'espace d'une vingtaine de pas. Heureu-

sement, il fut délivré par quelques-uns de ses camarades, qui parvinrent même à s'emparer du Russe qui avait lancé le lacet.

Une sortie de quinze cents hommes eut lieu le 1er février; écoutez les détails de cette chaude affaire, consignés dans un ordre-général :

« J'ai encore des félicitations à adresser au corps de siège, dont plusieurs détachements ont montré la plus remarquble énergie en repoussant et rejetant dans la place une colonne russe considérable, qui est venue attaquer, dans la nuit du 31 janvier au 1er février, la droite de nos travaux.

« Le principal effort de l'ennemi a été soutenu par la compagnie d'éclaireurs volontaires d'élite du 7e de ligne, (voltigeurs du 1er bataillon), les 2e et 3e compagnies du 1er bataillon du 42e, les détachements de travailleurs des 21e, 39e, 74e de ligne, 9e bataillon de chasseurs à pied, et par un détachement du génie (4e compagnie, 2e bataillon, 3e régiment).

« Deux charges à la baïonnette ont été faites successivement par le 42ᵉ, que je félicite tout particulièrement de la vigueur qu'il a déployée dans l'action, et que se plaisent à signaler le colonel Sencier, commandant les attaques de droite, et le général de Failly, de tranchée. Au milieu d'eux se faisaient distinguer le chef de bataillon du génie Sarlat, intrépide soldat autant qu'ingénieur distingué, dont nous avons à déplorer la perte, et auquel je donnerai de légitimes regrets ; le capitaine du génie Fourcade, grièvement blessé ; le capitaine du 42ᵉ, Remy, mort de ses blessures, le lieutenant Wagner, du même régiment ; le capitaine Rousseau, de la 2ᵉ compagnie d'éclaireurs volontaires d'élite ; le lieutenant Wuillumot, de la même compagnie.»

Une méprise affreuse, mais dont on a exagéré l'inportance, faillit augmenter le nombre des morts et des blessés.

« Nos troupes parvinrent tout près des contre-forts d'un bastion où les Russes se renfermèrent. Immédiatement, un feu très-énergique partit de la place et ne permit pas aux deux compagnies de rester plus longtemps à une aussi grande distance du camp; elles regagnèrent nos tranchées en franchissant les lignes de l'artillerie ennemie.

« Les deux compagnies s'avançaient dans l'obscurité, rapportant quelques blessés, quand des balles parties des retranchements français vinrent frapper plusieurs d'entre eux. Par une méprise affreuse, les compagnies envoyées en renfort pour appuyer celles du 18° et du 42° ignoraient la direction qu'elles avaient prises, et ne se doutaient pas que leurs camarades se fussent avancés si audacieusement jusqu'aux travaux de l'ennemi; parmi ces renforts se trouvait une compagnie du 42°; c'est affreux à penser.

Ceux-ci, entendant le bruit de pas venant de la place, crurent avoir affaire avec les Russes et accueillierent les arrivants par un feu de mousqueterie très-

violent. Bientôt les cris de leurs frères
d'armes leur firent comprendre l'erreur ;
mais plusieurs d'entre eux étaient tombés
sous des balles françaises. Les deux corps
se sont rejoints ; il y a eu là des scènes
déchirantes.

CHAPITRE XVI

—

**Eupatoria, les Turcs à Eupatoria. — Combat du cimetière.
— Affaire du 23 février.**

Eupatoria, chef-lieu d'un district de la Crimée, n'avait pas d'abord attiré l'attention des généraux alliés, mais ils ne tardèrent pas à reconnaître l'importance stratégique de ce point. On pouvait de là inquiéter les Russes à Pérécop, à Batchi-Séraï et à Simphéropol. — Aussi, le chef d'escadron d'état-major Osmon fut envoyé à Eupatoria en qualité de commandant supérieur. Il fit établir une enceinte continue, construire et armer des batteries, et enfin élever des redoutes fermées.

La garnison d'Eupatoria n'était habituellement composée que de 9,000 Tartares. La crainte des Russes y mena près de trente-cinq mille paysans. — Une épouvantable misère régnait parmi ces pauvres gens. Le commandant Osmont leur fit distribuer des vivres et les voyant animés contre les Russes, il les organisa en milice: ils rendirent ainsi de véritables services.

Des corps de Uhlans et de Cosaques du Don, dont le quartier-général était Vraz, rôdaient sans cesse autour d'Eupatoria, mais sans rien tenter de sérieux. Ils laissèrent imprudemment s'élever des fortifications et arriver les Turcs. Dix mille hommes débarquèrent sans obstacle au commencement de janvier. — C'étaient des troupes choisies parmi les meilleures de la Turquie. «Parfaitement échelonnées, dit le correspondant de la *Presse*, elles arrivaient par les routes de Choumla, Silistrie et Routchouck, passaient tout au plus un jour sous la tente et étaient immédiatement embarquées.

« Leur journée de passage à Varna était bien employée, chaque bataillon était passé en revue par Omer-Pacha, qui inspectait soigneusement les moindres détails de l'uniforme. Toute partie de l'habillement ou de l'équipement un peu usée était immédiatement remplacée par des objets neufs.

Omer-Pacha a profité des écoles que nous avons faites en Crimée. Le soldat turc porte comme vêtement, indépendamment de son pantalon et de sa veste en drap bleu, un paletot en peau de mouton et une excellente capote grise ; Omer-Pacha dirigea sur Eupatoria environ trente mille hommes, mais les Russes voulurent s'opposer à la concentration de ces forces imposantes. L'empereur Nicolas envoya l'ordre d'agir avec énergie.

Dans la nuit du 16 au 17 février, les Russes, profitant de l'obscurité, firent à grands renforts de bras, autour de la place d'Eupatoria, une espèce de parallèles en terre rapportée, dans le but de mettre à l'abri leurs pièces et leurs tirailleurs. Ces préparatifs faits avec la prestesse ordinaire des Russes à remuer la terre, une centaine de batteries furent mise ens place. A cinq heures et demie du matin, quatre-vingts pièces de canon ouvrirent leur feu contre la ville. Derrière l'artillerie des Russes, se montrait une ligne de cavalerie formée par six régiments aux ordres du général Koff ; puis seize régiments d'infanterie que commandait le général Osten Sacken.

Après plusieurs heures d'une furieuse et inutile canonnade, l'attaque se dessine. Sans respect pour la sainteté du lieu, elle se porte vers les quatre cimetières qui bordent le lac Saki. La première colonne d'assaut s'avance, mais un obstacle imprévu, des fossés remplis d'eau, arrêtent la marche des soldats. Tandis qu'ils hésitent, une fusillade terrible les foudroie ;

ils tourbillonnent en désordre et s'en-
fuient.

Les officiers poussent à l'assaut une seconde colonne munie de madriers pour
franchir le fossé, et d'échelles pour escalader les parapets. Elle arrive jusqu'au
bord du fossé, malgré une grêle de balles qui la décime. Mais les planches ne
peuvent fournir un passage, elles sont trop
courtes pour la largeur du fossé. — La
seconde colonne d'assaut est forcée à son
tour de battre précipitamment en retraite.
En se retirant, elle est chargée à la
baïonnette par un bataillon turc sorti par
la droite.

Cet épisode coûta la vie à Sélim-Pacha,
commandant des troupes égyptiennes.
On l'avait surnommé le dernier des
mameluks, parce que seul il échappa au
massacre du Caire, qui fut le signal de la
destruction de cette célèbre milice. Il
racontait, que voyant tous ses compagnons
d'armes, cernés dans la citadelle du Caire,
tomber sous les coups de la mousqueterie

des soldats du vice-roi, il prit une résolution suprême, — et faisant monter son
cheval sur le parapet de la forteresse il
le lança dans l'espace. — L'animal fut
écrasé dans sa chute, mais sauva la vie
à son cavalier, qui tout meurtri, tomba
sans connaissance. — Méhémet-Ali,
étonné de tant de résolution et de bonheur, donna l'ordre qu'il fût épargné.

Sélim-Pacha dût sa carrière militaire à
la bienveillance et à l'amitié du colonel
Selves qui, en qualité de généralissime,
commande les troupes égyptiennes, sous
le nom de Soliman-Pacha.

Ce Français, quoique entré au service
de l'étranger, s'est acquis en Europe
une réputation méritée. Mais c'est parce que partout et toujours les enfants de
la France conservent les traditions de leur
patrie. — Aussi sont-ils bons, généreux,
braves.—Pour vous en convaincre encore
davantage, laissez-moi vous parler de
nos chers soldats.

L'un d'eux gravement blessé répétait :

Ah! ce qui me désespère, c'est de penser que mes camarades sont au feu et que je ne partage pas leurs dangers. — Pourquoi pleurer, disait un officier supérieur à un soldat auquel on venait d'amputer la jambe, vous guérirez ; vous irez aux Invalides, ou bien vous aurez une pension du gouvernement jusqu'à la fin de vos jours. — Non, non, mon colonel, ce n'est pas là une consolation, répondit le soldat. L'armée continuera à s'exposer noblement pour la France, et je serai condamné à l'inaction. Voilà mon malheur !

«Un jour, écrit le Père de Damas, après une action qui avait été meurtrière, tous les docteurs étaient occupés à panser les blessés ; on avait déposé un peu plus loin un jeune sergent de chasseurs à pied, qu'une balle avait traversé de part en part. Il se sentait mourir : je voulais le consoler. — « Ah ! mon père, la mort ne me fait pas de peine, me disait-il ; je viens de me réconcilier avec Dieu ; je ne crains pas sa justice. Mais, au service, je pouvais, à force de privations, économiser quelques pièces de monnaie pour ma vieille mère, qui est bien pauvre. Quand elle ne m'aura plus, elle sera dans la misère. » — Et une larme tombait de ses yeux, il priait pour sa mère. — Je lui fis dire pour elle un *Pater,* et il mourut en prononçant ces mots : Donnez-nous aujourd'hui notre pain quotidien. — Heureux fils et pauvre mère ! — Vous voulez me 'couper les jambes, s'écriait un jeune soldat auquel un éclat d'obus avait fracturé les deux cuisses. Eh bien, faites-moi souffrir le double, mais conservez-moi l'usage de mes membres. Ce n'est pas pour moi, c'est pour ma mère ! — Et en prononçant ces dernières paroles, son ton prit un tel accent de douleur et d'amour filial, que le docteur n'eût pas le courage de faire l'opération. Il en laissa le soin à ses collègues et se retira tout ému dans une tente voisine. — « Il a demandé au nom de sa mère, me disait le médecin ; à ce ce nom, le cœur me manque. » — En vérité, mon Révérend Père, je n'aurais jamais cru qu'il fallût venir en Crimée pour connaître le cœur du soldat français. J'aimais beaucoup la France, et j'aimais aussi beaucoup l'armée, moi Français, fils d'un lieutenant général des armées françaises ; cependant, je sens que j'aime encore davantage et mon pays et son armée, par tout ce que je viens de voir. La maladie a été terrible, mais elle a eu son temps ; à l'heure qu'il est, elle ne fait plus que de ces ravages très-ordinaires dans tout pays où il y a une nombreuse agglomération d'hommes.

« Si maintenant vous essayez de découvrir le mobile qui entretient le feu sacré dans le cœur de nos militaires, je vous engage à le chercher dans un profond sentiment du devoir, inspiré et soutenu par l'espérance chrétienne. Qu'attendent-ils, en effet, ces soldats qui se dévouent jusqu'à la mort ? quelle espérance humaine peut être la leur? « Allons au feu, camarades, disait plaisamment un jeune soldat à ses compagnons, allons au feu ! pour notre récompense , nous aurons ou une balle dans la tête, ou les Invalides avec une jambe de moins et des douleurs de plus. » — En effet, la générosité du gouvernement est grande, je l'affirme, et je suis touché des efforts qu'il fait journellement pour encourager le mérite , mais un pouvoir humain peut-il atteindre, dans sa générosité, chacun des quatre-vingt mille hommes qui se battent pour lui? Les faveurs humaines ne se calculent pas par la grandeur du cœur qui veut les donner. Elles sont nécessairement limitées ; et, dans une guerre, elles le sont plus qu'ailleurs, puisque la mort leur soustrait trop souvent le moyen de se répandre. — « Non, mon colonel, on ne va pas là pour de l'argent, » répondait l'autre jour, un de nos braves à l'officier généreux qui lui offrait une bourse après une action d'éclat. Il avait raison, et sans s'en douter, il était l'interprète de l'armée toute entière; on on ne dit pas adieu à son vieux père, à sa vieille mère, à une femme, à ses enfants à ses amis, à sa patrie enfin, l'on n'affronte pas les maladies, la mitraille ennemie pour une bonne fortune d'un jour. Il faut un autre espoir, il faut l'assurance d'une vie meilleure.

« Les Turcs nous en donnent journellement la preuve. Traversez le camp français, à la gaîté, à leurs joyeux propos, vous reconnaîtrez aisément que les tribulations de la vie leur sont peu de chose et que la certitude d'un meilleur avenir soutient leur moral ; tandis que tout près de là, vous reconnaîtrez les ravages de la doctrine fataliste qui ronge le cœur de l'humanité pour former dans sa poitrine un vide plus affreux que celui du néant.

«Êtes-vous des nôtres, monsieur l'aumônier? me disait le lendemain de mon arrivée un capitaine dont j'ignore le nom et qui passait près de moi sur la route. Oh ! que la présence du prêtre nous fait de bien ! Elle nous rappelle à elle seule, comme un abrégé, toutes les vérités consolantes. Oui, on a dit vrai lorsque l'on a proclamé l'alliance intime de la croix et de l'épée. — Les yeux du soldat ont besoin de rencontrer souvent la croix, car la croix, c'est l'espérance!

CHAPITRE XVII.

—

Nicolas Ier.

Pour parler de la mort de l'empereur Nicolas Ier, une voix éloquente s'est fait entendre. La majesté de l'intelligence s'est placée impartiale devant le cercueil d'un puissant souverain. — Écoutons donc, Mesdames, cette imposante parole, insérée au *Moniteur* du 27 mars 1855 :

« L'heure suprême de la postérité, a sonné pour l'empereur Nicolas. La mort, en l'enlevant tout-à-coup de la scène où son ambition, sa puissance et son génie lui assignaient un si grand rôle, l'a placé au-dessus des impressions accidentelles ,

variablés et passionnées de la lutte, pour
le faire entrer dans le jugement impartial
et calme de l'histoire. L'empereur Nicolas,
dont la dernière année de règne fut un
défi à l'Europe, une attaque audacieuse à
son indépendance, n'est plus aujourd'hui
un ennemi pour personne. Plus inviolable
dans son cercueil que sur son trône, sa
mémoire commande la vérité bien plus
que son autocratie n'imposait naguère
l'obéissance. L'injustice qui s'attaquerait
à lui par delà la tombe ne serait qu'un
sacrilége, et la vengeance qui le poursui-
vrait ne serait qu'une lâcheté. Il nous sera
donc facile d'être juste pour un souverain
que nous devons d'autant plus respecter
après sa mort, qu'il est tombé en quelque
sorte l'épée à la main. C'est parce que nous
nous sentons assez de modération et d'é-
quité pour parler de cette illustre adversaire comme il convient à la magnanimité
de la France, que nous entreprenons cette
tâche sans hésitation.

« Et d'abord, disons-le tout de suite,

si ce jugement nous est facile, c'est qu'en nous imposant le devoir d'être juste, il nous laisse le droit de reconnaître ce qu'il y avait de grand dans l'adversaire qui vient de disparaître. Si nous n'avions qu'à flétrir des vices, il serait noble de nous taire ; mais ayant à reconnaître loyalement des mobiles, des sentiments, des situations qui n'ont rien de vulgaire, il est utile de parler et de mesurer à la grandeur même de cet adversaire le péril qu'il faisait courir à l'Europe.

« Ce serait mal comprendre le sens véritable de l'histoire des peuples que de ne pas reconnaître les analogies morales qui existent entre une nation et une dynastie. Une race d'empereurs ou de rois est nécessairement le type des mœurs, des habitudes, des sentiments, du caractère de la nation qu'elle domine, du sein de laquelle elle est sortie et dont elle est, pour ainsi dire, l'image et le résumé au sommet de son organisation sociale. Ce que les Césars furent pour Rome conquérante, ce que les

Capétiens furent pour la France aristocra-
tique et féodale, ce que les Stuarts furent
pour l'Angleterre catholique et chevaleresque, ce que les Habsbourg furent pour
l'Allemagne, les Romanoff le furent pour
la Russie. Pierre le Grand sortit de cette
barbarie déjà altérée et mêlée d'esprit
chrétien, et qui, par ce mélange de sla-
visme et de christianisme, produisit quelque chose de nouveau et de singulièrement
viril dans la société européenne déjà vieil-
lie. Ce n'était plus la barbarie, et ce n'était
pas encore la civilisation. La vie politique
et religieuse venait de se manifester tout
à coup dans un immense empire ramené
à l'unité par un homme de génie, et la vie
sociale n'y existait pas. L'autorité s'y était
constituée, et les notions les plus élémen-
taires du droit y étaient inconnues. Cet
empire de soixante millions d'esclaves
renaissait comme il devait vivre, dans la
volonté d'un chef en qui s'incarnaient
non-seulement le pouvoir politique et
civil, mais encore le dogme invariable et

sacré. Dans ce vaste État, le plus vaste du globe, il n'y avait place nulle part pour la liberté, pas même dans la conscience ! L'obéissance était le seul devoir des sujets, comme le commandement le droit absolu du souverain. Pour que la Russie s'élevât si vite à un rôle si considérable dans le mouvement européen, il fallait des règnes aussi glorieux que ceux qui lui ont été donnés par sa fortune en moins d'un siècle et demi : il fallut un fondateur comme Pierre Ier, des successeurs comme Catherine II, Alexandre et Nicolas. Ce peuple ne pouvait échapper à la barbarie qu'en se livrant au despotisme et en marchant comme une légion sous l'autorité de ses czars.

« Cette race de czars, dont le rôle historique et le caractère moral n'apparurent qu'au commencement du dix-huitième siècle, avec le règne de Pierre le Grand, semblait avoir été façonnée par la Providence sur le modèle même de la nation qui devait se résumer en elle. A cent ans

de distance, Pierre et Nicolas en furent
peut-être les types les plus accomplis.
Mélange de ruse et de force, de supersti-
tion et de génie, de brutalité et de grâce,
de prudence et d'audace, de calcul et
d'entraînement, de rudesse moscovite et
de finesse grecque, cette race avait, dans
sa nature même, dans sa physionomie imposante, dans son esprit guerrier, dans
son activité fiévreuse et jusque dans ses
proportions gigantesques, quelque chose
qui annonçait la domination. En voyant
les princes qui l'ont le plus exactement
personnifiée dans l'histoire, on ne reconnaissait pas seulement des souverains nés
pour régner, on reconnaissait, avant tout,
des maîtres faits pour commander.

« Le jour où Pierre le Grand jetait les
premiers fondements d'une forteresse à
l'embouchure de la Néva, et marquait
ainsi la place de la capitale qui devait s'appeler Pétersbourg, il n'élevait pas seulement une défense pour protéger son empire contre les rivalités de Charles XII,

sa prévoyance allait plus loin et mesurait déjà, à travers l'espace et le temps, l'immense perspective qu'un océan ouvrait à son ambition. Fonder une marine, creuser des ports, construire des vaisseaux, former des matelots, ouvrir des chemins sur toutes les mers, devint la préoccupation la plus ardente de ce souverain. On vit alors un empereur se faire charpentier, manier lui-même la hache et le compas, et apprendre à construire un navire. Ce charpentier de Saardam était tout simplement l'ouvrage sublime de la puissance maritime d'un pays qui, aspirant à dominer le monde avec la force de ses hordes innombrables concentrées dans l'unité du despotisme, comprenait instinctivement que la mer était marquée comme le champ de bataille des luttes d'influence, d'équilibre et de domination entre les peuples.

« L'empereur Nicolas recevait l'empire des mains de ses pr décesseurs avec tous les agrandissements que son glorieux an-

cêtre avait rêvés. Pierre le Grand ne s'é-
tait pas borné à fonder un Etat, à bâtir
une capitale, à organiser une armée, une
marine, une police, à développer le commerce, les arts, les sciences ; il avait conquis à la Russie six provinces nouvelles et
trois mers, il avait vaincu Charles XII,
humilié la Suède, subjugué l'Allemagne,
étonné le monde. Catherine II avait em-
porté la meilleure part de la Pologne,
mutilé et enfermé dans les limites de son
empire le Caucase, la Géorgie, la Crimée,
le Borysthène, et jeté ses vaisseaux dans
la mer Noire en leur montrant le chemin
deByzance. Alexandre succédant à PaulI^{er},
dont le règne rempli d'intrigues et d'agitations s'était éteint dans une convulsion
mystérieuse et sanglante, Alexandre avait
lutté contre Napoléon, rallié et dirigé la
dernière coalition, formé la sainte alliance,
subordonné les Etats du Nord, rattaché
la Finlande, consolidé sa domination sur
la mer Noire et la mer Caspienne par la
cession définitive de la Géorgie et de qua-

tre provinces persanes. De toutes ces conquêtes, de toutes ces usurpations, de tous
ces lambeaux de territoire et de nationalité arrachés à la Suède, à la Turquie, à
la Perse, à la Pologne, s'est formée la
Russie avec ses continents et ses océans,
unissant deux parties immenses de l'Europe et de l'Asie, servant de route entre
la Perse et l'Inde, touchant à l'Allemagne
par la Saxe et par les provinces de Moldo-
Valachie, qui mettaient les bouches danubiennes à la portée de la longueur de son
épée ; dominant la mer Noire par Sébastopol et la Baltique par Kronstadt; ayant
quatre capitales, Varsovie, Moscou, Pétersbourg et Sébastopol, comme des citadelles du haut desquelles elle semble dé-
fier l'indépendance des peuples, la civilisation de l'Europe, la liberté des mers;
en un mot, la Russie, sans contre-poids,
sans rivalité, s'avançant pas à pas vers les
Dardanelles pour en faire le Gibraltar formidable de l'Orient contre l'Occident :
tel est l'empire qui venait d'échoir à Nico-

las après la mort de son frère l'empereur Alexandre Ier.

« Qu'est devenu cet imposant héritage dans les mains de l'empereur Nicolas ? L'a-t-il bien gardé ? Son règne a-t-il continué l'œuvre des czars ses prédécesseurs ? A-t-il accompli pour sa part les volontés de Pierre Ier ? Que va dire l'histoire sur cet homme qui a eu un rôle si considérable en Europe depuis trente ans, et sur cette destinée mêlée à toutes les agitations du siècle et à toutes les commotions du monde nouveau, tantôt pour les calmer comme en 1848, tantôt pour les réveiller comme dans les derniers jours de sa vie ?

« Il y a un mot très-flatteur sur l'empereur Nicolas, et qu'un écrivain attribue au comte de la Ferronnays, ambassadeur du roi Charles X à Saint-Pétersbourg, au moment où le troisième fils de Paul Ier venait de monter sur le trône, après avoir vaincu une formidable insurrection militaire. M. de la Ferronnays avait été vivement impressionné de l'attitude du jeune empereur dans ce péril imminent ; il avait trouvé en lui cette majesté du courage qui domine les masses, désarme les colères, ennoblit la lutte, et il s'était écrié : « Je viens de voir Pierre le Grand civilisé. »

« Ce mot d'un jour d'enthousiasme n'était pas absolument une flatterie, et il y avait une idée juste dans cette pompeuse métaphore. L'ambition russe, épurée par l'esprit politique, exaltée par le sentiment religieux, allait régner avec Nicolas. Ce prince, en effet, avait en lui toutes les qualités robustes de sa race. La nature, le sang, la tradition, l'éducation, l'avaient fait dominateur. Sa taille gigantesque, sa tête orgueilleuse, les lignes doites et hardies de son visage, son regard sévère, froid et scrutateur, dans lequel ne brillait jamais un éclair de l'âme, et dont l'impassibilité ne laissait jamais voir une émotion du cœur ; sa voix sonore et pleine, son geste de commandement, sa démarche ferme et rapide comme sa volonté, tout en lui révélait son rang, sa souveraineté, sa mission. La dignité lui était si habituelle et si facile, qu'il était partout le même, toujours souverain, dans les pompes de sa cour, à la tête de ses troupes, comme dans les familiarités de la vie intime. En le voyant ainsi, calme, simple et fier, recevoir les hommages des ambassadeurs et des courtisans, ou passer sur le front des régiments, ou courir sur les routes de ses capitales, il semblait que le génie de la royauté, épuisé et vieilli dans certaines races d'Occident, eût retrouvé sa sève, son prestige et sa virilité dans la jeunesse d'un peuple nouveau et né d'hier à la civilisation.

« Assurément il y a dans cette nature ainsi définie quelque chose de fort et de grand qui étonne et qui séduit ; mais il y manque un des plus nobles attributs de l'homme, surtout quand cet homme est empereur : c'est la bonté. Le czar n'a jamais pardonné. Son autocratie n'était pas seulement absolue, elle était impitoyable. Elle avait pour cortége l'exil, la confiscation et les supplices. Il était aussi impossible de le toucher que de le convaincre, et son cœur fut aussi inflexible que sa volonté.

« Etendre la main puissante de la Russie sur l'Europe pour l'asservir ; subordonner l'Allemagne, et passer au besoin sur son corps pour atteindre l'Occident ; garder les bouches du Danube comme les portes de l'Autriche, et les rives du Niémen comme l'entrée de la Prusse ; étouffer les dernières palpitations de la Pologne, afin de ne pas laisser revivre une nationalité qui protégeait le Midi contre le Nord ; placer la Baltique et la mer Noire sous la souveraineté du pavillon russe, que couronne les forts de Kronstadt et de Sébastopol ; tenir l'Orient en échec ; affaiblir la Turquie, l'épuiser sans la tuer, et attendre l'heure propice pour se jeter sur cette proie que l'œil d'aigle des czars guette depuis un siècle ; avoir la première armée et la première marine du monde, afin d'être maître sur le continent comme sur l'Océau ; marquer daus l'avenir le jour où le colosse, continuant son mouvement et faisant un pas décisif, franchirait le Bosphore et viendrait audacieusement s'asseoir à l'entrée des Dardanelles, au bord de cette belle Méditerranée devenant un lac russe; universaliser le dogme grec, et faire de Sainte-Sophie le Saint-Pierre des siècles futurs ; en un mot, reconstruire un nouvel empire romain avec de nouveaux Césars : telle fut la politique de l'empereur Nicolas!

« C'est cette politique qui dès le lendemain de son avénement, lorsque sortant à peine de la cathédrale de Moscou, où il venait de courber sa couronne devant Dieu, afin de la porter plus hautaine et plus fière devant les hommes, le poussait à déclarer la guerre à la Perse pour lui prendre trois de ses plus belles provinces et tarir son trésor en mutilant son territoire.

« C'est cette politique qui l'entraînait en 1828 dans son entreprise contre la

Turquie, entreprise dans laquelle la France, trompée par un noble sentiment, servit les ambitions de la Russie avec plus de magnanimité que de prévoyance, en brûlant la flotte turque à Navarin, dans une glorieuse bataille qui pouvait annoncer déjà l'incendie de Sinope.

« C'est cette politique qui, après avoir accompli son œuvre en Grèce en arrachant Athènes à l'usurpation turque, dans l'espérance d'en faire une province russe, jetait au-delà du Pruth une armée de plus de cent mille hommes, triomphait aux Balkans, et dictait ce fameux traité d'Andrinople dont l'interprétation devait amener, vingt-cinq ans plus tard, la grande guerre qui agite aujourd'hui le monde.

« C'est cette politique qui, en 1830, se ruait sur la Pologne, et, non contente de vaincre la rébellion de son indépendance, punissait, dégradait, persécutait son héroïsme, et faisait suivre l'œuvre fatale de la victoire de l'œuvre odieuse de la vengeance.

« C'est cette politique qui marquant, pour ses desseins futurs, une station à l'entrée de la Perse qui lui permît d'étendre jusqu'au fond de l'Inde la menace de sa domination, portait son agression sur le Caucase afin de s'ouvrir une autre route sur la Turquie et d'abattre tous les obstacles, et entreprenait cette longue guerre qui dure encore, et dont la dernière phase a produit dans Schamyl, un de ces héros populaires qui apparaissent quelquefois au milieu des drames de l'histoire comme des instruments providentiels pour sauver les causes justes, passionner l'humanité et poétiser les luttes sanglantes.

« C'est cette politique qui, saisissant avec ardeur l'occasion de protéger la Turquie pour l'humilier plus sûrement, envoyait en trois jours, sous le commandement du comte Orloff, une flotte formidable dans le Bosphore, afin de défendre Constantinople menacé par Ibrahim révolté, et qui, pour prix de cette protection intéressée et ruineuse, rapportait le traité d'Unkiar-Skelessi, nouveau titre de servitude pour la Turquie et de suzeraineté pour la Russie.

«C'est cette politique, enfin, qui a nécessité, provoqué, engagé la guerre actuelle, et fait à l'Europe la situation pleine de troubles où elle se trouve aujourd'hui après quarante-cinq ans d'une paix féconde.

« Sans doute, aucun des ancêtres de l'empereur Nicolas, parmi les plus ambitieux, n'aurait pu renier une seule des heures de ce long règne de trente ans. C'est bien la politique russe dans ce qu'elle a de plus habile, de plus expansif, de plus menaçant et de plus grandiose. Jamais, à aucune époque, elle ne fut développée avec plus de sûreté, de persistance, de volonté et de ruse. Pierre le Grand avait certainement plus de génie que son successeur ; son règne est plus merveilleux et sera plus mémorable que celui de Nicolas. Il a fondé un empire dans le chaos et la confusion de la barbarie ; il a été organisateur et conquérant ; mais la Russie, sous sa main puissante, ne fut qu'une ébauche. Catherine en a dessiné et élargi le plan. Alexandre l'a poétisé. Nicolas l'a complété, et il a tout préparé pour en réaliser le couronnement par une servitude universelle qui était le pressentiment et la douloureuse anxiété du glorieux prisonnier de Sainte-Hélène, quand il prophétisait sur son rocher.

« L'Europe s'habituait peu à peu à la pensée de cette souveraineté morale d'un peuple sur elle. L'Allemagne, qu'elle menaçait de plus près, s'y résignait avec tristesse, comme par nécessité et fatalité. La crainte qu'elle avait des révolutions de l'Occident, la longue lutte qu'elle avait soutenue contre l'empire français, les divisions d'intérêt, de nationalité, qui l'affaiblissaient, l'entraînaient malgré elle à chercher un refuge dans une humiliation. L'empereur Nicolas regardait ses augustes frères de Vienne et de Berlin moins comme ses alliés que comme ses pupilles; il entendait régner chez eux. Il venait en Prusse et en Autriche comme chez lui. Il passait en revue leurs régiments comme les siens, au milieu de la tristesse des peuples, qui souffraient de cette arrogante protection. Les souverains et les ministres recevaient ses conseils, ses directions, jusqu'à ses ordres. En un mot, il y avait encore un empereur d'Allemagne, et c'était lui !

« Des hommes d'Etat éminents de l'Allemagne supportaient avec douleur l'humiliation de cette tutelle, qui devait être bientôt désavouée et répudiée avec éclat par le cœur chevaleresque du jeune empereur François-Joseph, dont le noble exemple trouvera des imitateurs.

«Deux puissances seules parmi les Etats de premier ordre restaient en dehors de cette influence dominatrice : la France et l'Angleterre. Mais leurs divisions, mal éteintes dans une alliance peu sincère sous la royauté de 1830, faisaient leur impuissance. L'empereur Nicolas le comprenait. Aussi fut-il à Londres en 1845, comme par une prévision instinctive du danger qu'il y avait pour lui de ce côté. Il séduisit le peuple anglais par le prestige de sa personne; il combla la jeune reine Victoria de courtoiseries, d'attentions et de flatteries. La pensée secrète de ce voyage de 1845 a été révélée bien clairement huit ans plus tard dans les conversations du czar avec lord Seymour, auquel, comme on s'en souvient, Nicolas tenait ce langage : « Tout ce dont j'ai besoin, c'est « une bonne entente avec l'Angleterre. « Lorsque nous sommes d'accord, je suis « tout à fait sans inquiétude quant à « l'occident de l'Europe. Ce que d'autres « pensent est au fond de peu d'impor- « tance. »

« L'empereur Nicolas marchait donc à son but par tous les moyens, tantôt par la ruse, tantôt par la force, un jour en effrayant l'Allemagne du fantôme des révolutions, un autre jour en tentant l'Angleterre par l'appât de l'Égypte. Il voulait à tout prix avoir pour complices ceux-là mêmes qu'il rêvait d'asservir ou de gagner à sa cause. Aussi souple dans ses combinaisons que ferme dans ses desseins, il changeait de tactique selon les circonstances. Avant la révolution de 1830, c'est la Perse qu'il menace, c'est contre l'Asie qu'il porte son effort le plus énergique. Après cette révolutiou, lorsque les rois tremblent et que les trônes chancellent, il se retourne tout à coup du côté de l'Europe; il se pose en tuteur des monarchies alarmées et menacées par la propagande : il se fait accepter comme protecteur pour s'imposer plus tard comme arbitre. Au fond, la pensée de son règne n'avait pas changé : c'était une pensée d'ambition sans frein et de domination sans contre-poids, qui, tôt ou tard, devait soulever la résistance de tous les Etats dont elle compromettait l'équilibre.

« Tandis que la France, déchirée par les partis, agitée par les révolutions, donnait au monde le spectacle de ses luttes stériles et ruineuses, la Russie développ-

pait silencieusement et patiemment sa
force militaire et maritime. Une prodigieuse activité régnait dans ses chantiers,
cachés à tous les regards par ses ports
inabordables ; elle augmentait ses flottes,
complétait ses lignes de défense, fondait
des canons, perfectionnait ses armes,
entassait ses projectiles. L'Europe fermait
les yeux ou pensait à autre chose. Les
luttes de tribune, les développements de
la civilisation l'observaient. — L'habitude
de la paix avait éloigné jusqu'à la crainte
de la guerre, et pendant que presque tous
les peuples et les gouvernements, aux
prises avec d'autres difficultés et entraînés
à d'autres soins, goûtaient la sécurité
trompeuse de cette paix féconde, seule, la
Russie veillait et attendait l'heure du
destin.

« L'empire, en reconstituant l'unité de
la France, faisait d'elle le contrepoids
de la Russie dans le monde ; il détruisait
la sainte alliance ; il affranchissait l'Allemagne et rétablissait les conditions de

l'équilibre européen. — L'empire, c'était l'union avec l'Europe ; mais par cela même qu'il n'était ni le rival ni l'obligé de personne, il devenait l'allié des grands Etats aussi bien que des Etats secondaires, et cette situation pouvait être un jour ou l'autre l'obstacle contre la Russie.

« L'empereur Nicolas avait assez de pénétration pour la comprendre et assez de résolution pour tâcher de prévenir un état de chose qui, en constituant un point de résistance contre lui, offrait à tous les peuples et à tous les gouvernements un centre commun de ralliement. Aussi, lorsque le véritable sens de l'empire français échappait encore à l'appréciation de la plupart des chancelleries, lorsque son avénement était accueilli avec défiance à Londres, à Vienne, à Berlin et partout, lorsque quelques diplomates, accrédités et non accrédités, représentaient quelques frondes de salon comme des signes d'opinion publique, le czar, profitant habilement de ces troubles, de ces malentendus, de ces doutes de l'Europe, précépita ses desseins et jeta le défi.

« Il avait cru l'Empire mal assis et l'Empereur mal compris ; il avait cru la France faible ; il avait cru l'Europe affaissée ou hostile. Il s'était trompé. Toutes ses prévisions furent successivement démenties par les événements. La Turquie, qu'il supposait impuissante, se dressa contre lui, dans son désespoir, comme une barrière, et fit reculer ses armées sur le Danube. — L'Angleterre, qu'il considérait comme inconciliable avec le nom de Napoléon et le régime impérial, devint l'alliée intime de la France. L'Autriche elle-même déserta sa protection pour accepter notre alliance. La conscience de l'Allemagne toute entière s'associait à à cette résistance universelle. La Russie s'était prise au piége qu'elle avait tendu, elle se trouvait enfermée dans l'isolement auquel elle avait espéré nous réduire.

« Alors fut donné au monde ce grand

et mémorable spectacle de la modération d'un souverain que son nom et son
sang devaient exciter si naturellement à
la guerre, et qui, dominant tous les en-
traînements par le patriotisme de sa raison, épuisa jusqu'au dernier moyen de
conciliation. L'empereur Napoléon défendant la paix, respectant les traités, maintenant l'ordre européen, gagnait la confiance de l'Europe et plaçait son pays dans
la situation qui convenait à sa nature et
à son histoire : il réalisait les ambitions
les plus élevées et les plus légitimes de
Louis XIV et de Napoléon I\ier, qui l'un et
l'autre, à des points de vue différents,
firent la guerre moins pour la gloire des
conquêtes que pour la gloire plus sérieuse
et plus solide de fonder l'influence de la
France, et de la rendre l'alliée nécessaire
des plus grands États.

« La mort presque subite de l'empereur Nicolas, à une pareille heure de la
vie de son peuple, au milieu d'une si
grande crise, quand le sol de la Russie

est envahi. quand sa place forte la pus
considérable est assiégée par nos armes,
est un de ces événements devant lesquels
la raison n'a qu'à s'incliner comme devant la manifestation éclatante de l'action
providentielle sur le monde.

« Quelles seront les conséquences de ce
coup de foudre qui vient d'abattre la tête
illustre et glorieuse en qui ont vécu pendant trente ans la tradition des czars,
leur pensée, leur ambition et la force
expansive de la Russie ? Personne ne peut
le dire aujourd'hui. Mais ce que nous
pouvons dire, c'est que, dans un empire fondé par Pierre Ier, où les individus
ne comptent pour rien, où les plus
grands seigneurs, d'une noblesse que son
éducation, son urbanité. son amour des
arts n'ont pu affranchir de la servitude,
ne sont que les instruments passifs du despotisme ; où il n'y a d'impulsion, d'i-
nitiative, d'activité, que celles qui viennent du maître suprême ; où la religion
elle-même, dans la main du czar, n'est

qu'un moyen d'asservissement de la con-science ; dans un pareil empire, c'est le souverain qui remplace le néant des institutions, l'absence des mœurs publi-ques et l'effacement des caractères.

« La grandeur historique de l'empe-reur Nicolas est incontestable, et nous ne craignons pas de la reconnaître ; mais elle est tirée uniquement de l'esprit russe. Elle a quelque chose de slave comme son origine. Si on la mesure à notre temps, à sa civilisation, à l'esprit européen, au progrès qui entraîne tous les peuples, le prestige s'affaiblit et disparaît aussitôt.

« Il faut bien reconnaître aussi que le czar, en précipitant impatiemment sa marche vers le but de ses ambitions, avait compromis sa puissance par une de ces fautes irréparables peut-être pour le sou-verain qui l'avait commise. Son règne était devenu une menace pour tout le monde : pour l'Europe, qu'il troublait, pour la Russie elle-même, que l'orgueil et la personnalité du czar condamnaient au malheur d'une guerre sans issue. Sa mort ne peut être un triomphe pour personne, car c'est la Providence qui en a marqué l'heure. Mais elle va rendre plus libres, en leur donnant plus de sécurité, ceux que l'habitude d'une constante déférence attachait et retenait encore.

« L'empereur Alexandre, éclairé par les graves enseignements de cette dernière année du règne de son prédécesseur, comprendra qu'un grand rôle lui est réservé. En renonçant à la politique périlleuse de son père, il dépend de lui de rendre le repos à la Russie et de maintenir sa place dans le monde, en faisant de son avénement au trône la date d'une politique de réconciliation avec les intérêts généraux de la société européenne.

« Ainsi s'explique comment tant d'espérances se sont mêlées à l'émotion de cet événement si imprévu. Ce n'est pas une grande nation comme la nôtre qui se réjouit lorsque la mort frappe un adversaire, quelque puissant qu'il soit. Mais tout le monde a compris que la main de Dieu, en enlevant à la lutte le souverain qui l'avait engagée, avait fait disparaître le principal obstacle à la paix du monde.

« Quant à la France, impartiale et calme devant ce cercueil, elle ne puise pas sa confiance dans la disparition d'un ennemi ; elle la puise dans le loyal concours de ses alliés, dans l'héroïsme et le succès de ses armes, dans la justice de sa cause. La France n'a fait la guerre avec tant d'énergie, et elle ne la poursuit avec tant de constance que pour raffermir l'équilibre européen, menacé par une ambition que la conscience universelle avait condamnée avant que le jugement de l'histoire se fût ouvert pour elle. »

CHAPITRE XVIII.

—

Une belle lettre. — Travaux des assiégeants. — Sortie du 14 mars. — Bonbardement. — Ordre du jour du général en chef. — Le capitaine de Crécy. — A quoi sert le catéchisme ? — Mort d'un colonel. — Piété filiale de nos soldats.

Je vous avais annoncé un magnifique discours, et Mesdames, j'ai tenu parole. — Mais comme je pense, que nous autres femmes, ne devons faire que de très-courtes excursions dans le domaine de la science, je vous ramène bien vite dans notre véritable sphère en vous parlant d'un pauvre enfant qui est mort en pensant à sa mère.

« Un soldat, écrit un aumônier, venait

de recevoir les derniers sacrements. —
Mon père me dit-il, voudriez vous me pro-
mettre une chose ?... Ce serait d'écrire à
ma mère.» — Donnez-moi son adresse je
lui écrirai.» — Oh ! mais *une belle lettre*,
reprit le soldat avec un accent profond,
une belle lettre. » — « Je vous le promets.»
— Oh ! mais, *une belle lettre*, reprit encore
le mourant avec une expression de plus en
plus touchante ; elle est si pauvre, ma
mère ! C'est une mendiante ! Pendant
toute ma jeunesse, je ne lui ai donné que
du chagrin. Maintenant je m'en repens ;
et si le bon Dieu me conservait la vie, je
l'emploirais toute entière à faire à ma
mère autant de plaisir que je lui ai fait de
peine ; mais je mourrai, et je ne pourrai la
consoler. Oh ! écrivez-lui *une belle lettre* !

— Vraiment, auprès du grabat de cet
enfant, je me sentais aussi consolé que
devant le fils des croisés mourant ! Je pris
l'adresse de la mendiante, et quand il fallut écrire, je me sentis embarrassé. — Ma
plume aurait couru toute seule s'il se fut

agi d'une personne de haute condition ;
j'étais plus ému en écrivant à la mendiante, tellement j'avais envie de réussir
à la consoler un peu. — Sans doute elle
n'aura pas su lire mon écriture, mais son
curé ou quelque voisin charitable lui
aura rendu ce triste service. Que le bon
Dieu console la pauvre mendiante ! »

Il ne faut, vous le savez, abuser de rien,
aussi, je ne vous lirai pas tout de suite
un second trait fort touchant que contient
la fin de cette lettre. — Je l'achèverai plus
tard, mais pour le moment je retourne à
Sébastopol, car il me semble, qu'il y a
déjà très longtemps que nous désertons
les murs de la ville assiégée.

C'était vers la tour Malakoff que s'avançaient les travaux.

Les divisions françaises ouvraient péniblement des tranchées devant le mamelon
qui précède la tour Malakoff. — Les travailleurs avaient beaucoup à souffrir des
embuscades russes appelées par nos alliés
des *rifle-pits.* C'étaient des fossés dont cha-

cun pouvait contenir dix hommes. — Des tirailleurs russes s'y installaient, et par des meurtrières ménagées de distance en distance, ils visaient les imprudents qui se montraient au-dessus des tranchées françaises. Dans la nuit du 14 mars, les Russes firent une nouvelle sortie. — Mais ils furent culbutés.

« Jamais, écrit un témoin occulaire, on n'avait entendu pareille canonnade. La journée d'Inkermann, dans laquelle l'artillerie a joué un rôle si terrible, ne peut pas même donner une idée du déploiement de forces des Russes dans la nuit du 14. Il était impossible de dire quelques mots sans avoir la parole coupée par un ou deux coups de canon. Malgré tout ce fracas, nous avons, grâce à Dieu, peu de pertes : vingt blessés dans la nuit, dix-huit ou vingt le matin, c'est-à-dire quarante ou quarante-cinq au total ; une dizaine d'hommes sont morts, douze ou quinze sont restés aux mains de l'ennemi.

Dans la nuit du 22 mars, les Russes tentèrent une sorte d'assaut général contre les cheminements de l'armée alliée vis à vis de la tour Malakoff ; onze bataillons de mille hommes pris dans les équipages de la marine, se réunirent sous la direction du lieutenant général Krouleff. Dans leurs rangs marchaient des Grecs, les premiers que l'on eût vus sous les murs de Sébastopol. Ces troupes se ruèrent sur les tranchées en poussant des cris sauvages. — Trois fois repoussées, trois fois revenues à la charge, elles durent renoncer enfin à occuper les cheminements français, mais ce ne fut qu'après trois heures de lutte à coups de sabre, de baïonnette, d epierre, de crosse de fusil ou de pistolet. Les Anglais, attaqués en même temps, forcèrent également l'ennemi à la retraite. Ce combat désordonné, comme tous les combats de nuit, coûta au moins douze cents hommes à l'ennemi.

Le général Osten Saken demanda un armistice pour enterrer les morts.

« Lorsqu'il a été convenu, dit le correspondant du *Morning-Post*, que chacun enterrerait ses morts, officiers et soldats français, anglais et russes se sont, en un instant, trouvés mêlés. Le drapeau blanc flottait sur la tour de Malakoff. Les soldats échangeaient des pipes ; les officiers se saluaient courtoisement. On n'aurait jamais dit que, dans quelques heures, tous ces hommes allaient recommencer à s'entre-tuer.

Le général Canrobert signala à l'armée ceux auxquels semblait revenir principalement l'honneur du succès.

« La nuit du 22 mars a été glorieuse pour les troupes du deuxième corps. Une colonne ennemie de plus de dix mille hommes a multiplié pendant trois heures, autour de nos travaux de droite, des efforts qui sont restés impuissants devant l'énergique solidité de cinq bataillons. Le 3ᵉ de zouaves a dépassé dans ce combat opiniâtre tout ce qu'on devait attendre de sa belle réputation, qu'avait déjà grandie le combat de la veille.

« Le 86ᵉ (11ᵉ léger), récemment venu d'Afrique, a dignement soutenu celle qu'il avait apportée parmi nous ; le 82ᵉ (7ᵉ léger), le 6ᵉ de ligne, qui se sont déjà fait connaître si honorablement dans cette guerre, ont rivalisé d'ardeur et de bravoure. Enfin, le 4ᵉ bataillon de chasseurs à pied, envoyé à l'appui des troupes engagées, s'est jeté sur l'ennemi à la voix de son commandant, le chef de bataillon de Fontanges, avec une énergie qui a déterminé sa retraite définitive.

« Le général de division Brunet a exécuté habilement les dispositions générales prescrites par le général Bosquet, commandant le 2ᵉ corps, en cas d'attaque. Le général d'Autemarre a conduit l'action avec une intelligente vigueur. Il a été dignement secondé par le colonel Janin, de tranchée, qui n'a cessé de donner à tous, bien que deux fois blessé, l'exemple d'un brillant courage,

« Le chef de bataillon Banon, du 3ᵉ de zouaves, le chef de bataillon Dumas, du corps du génie, officiers supérieurs pleins de mérite et de bravoure, ont trouvé une mort glorieurse dans l'accomplissement de leur devoir. Le capitaine Crécy, des zouaves, le capitaine Montois, du 85e, se sont hautement distingués.

« Officiers, sous-officiers et soldats se sont disputé l'honneur de faire payer cher à l'ennemi une agression sur laquelle il fondait de grandes espérances, et qui lui a coûté *plus de deux mille hommes tués ou blessés.* »

Cet ordre du jour était suivi de nominations dans l'ordre de la Légion d'honneur.

Il est parlé dans ce rapport du brave capitaine de Crécy, qui, fait prisonnier, mourut à l'hôpital de Sébastopol. Ecoutez comment s'exprimait M. de Crécy :

« Mon cher ami,

« J'ai une assez triste nouvelle à t'apprendre, et je ne puis le faire moi-même, ayant été amputé du bras droit avant-hier;

je charge un de mes camarades, à l'hôpital de Sébastopol avec moi, de t'écrire.
J'ai été *un pen* éprouvé dans l'affaire du
24 courant, car à peine avais-je reçu la
balle qui me brisait le haut du bras droit,
que j'en recevais une autre qui me brisait
la cuisse droite. Les médecins ne doutent
pas de la conservation de ma jambe ; mais,
pour le bras, il n'a pas fallu y penser. Ce
qui m'a fait le plus souffrir, ce sont quelques coups de crosse que j'ai reçus en pleine poitrine.

« J'ai un coup de sabre sur le front,
mais qui ne sera rien du tout. Je n'ai été
transporté à l'hôpital de Sébastopol que
le lendemain matin ; malgré mes très-
graves blessures, j'ai un très-grand espoir
de rétablissement, et si je pouvais être
guéri avant la fin de la guerre, j'irais à
Saint-Pétersbourg, où, sur ma demande,
ma femme pourrait venir me rejoindre. »

Quelle manière simple et forte d'annoncer d'horribles blessures, dont la seule
pensée fait frémir l'humanité ! Du reste, la

résignation chrétienne se rencontrait dan
tous les rangs de l'armée. — Un aumônie
écrivait :

« Ces sentiments, je vous l'assure, sont
ceux de tous nos braves paysans élevés
par des mères chrétiennes et devenus soldats par la loi du sort. Lorsque j'entre
dans une salle de malades, s'il y en a un
seul qui, pendant la journée précédente,
se soit livré à la tristesse, tous ses camarades me l'indiquent à la fois. «Monsieur
l'Aumônier allez donc à celui-là. Il pense
au pays et il pleure. Relevez-lui le courage.
Ce n'est pas comme cela qu'il faut être.
Nous le lui avons bien dit ; mais il ne nous
écoute pas. Répétez-le-lui afin qu'il le
comprenne. » Ainsi parlent ces hommes.
Ce qu'ils disent ils le font. Pour eux la
mort n'est véritablement qu'un passage.
Aussi, continuellement en présence de camarades qui vont mourir ou qui meurent,
sous le coup d'une maladie qui les menace
eux-mêmes, ils envisagent leur dernière
heure avec une tranquillilé indéfinissable.

Ce matin, je m'arrêtais auprès du lit d'un homme dont la maladie venait de se compliquer d'une rechute fort grave. « Monsieur l'Aumônier, me dit-il, faites-moi la charité de me donner du citron pour relever le goût de ma tisane. — Volontiers, je vous le ferai acheter. — Ah ! merci ! Eh bien, vous me l'apporterez demain quand vous repasserez... » Et puis, se reprenant comme un homme qui a réfléchi, mais sans changer de voix et avec un naturel charmant : « Ah ! mais demain matin, je serai mort. Apportez le-moi ce soir, je vous prie. — Mais non, vous ne serez pas mort demain matin, mon enfant. — Vous croyez, mon Père ? Eh bien ! soit, alors. Le citron pour demain matin. A demain, monsieur l'Aumônier. » Or, ne pensez pas que cette conduite soit l'effet d'un stoïcisme stupide ; ceux qui ne croient pas à la vertu pourraient chercher à se l'imaginer ; mais je défie leur mauvaise foi elle-même de résister à la conviction que produit le naturel avec lequel se passent de parcilles scènes. Nos soldats ne sont pas insensibles. Ce sont de braves artisans ou paysans au cœur noble et aux sentiments élevés; leur courage s'explique.

«Ils recueillent, dans ce moment solennel d'une guerre lointaine, le fruit du travail ignoré de la bonne mère de famille, dont on se moque lorsqu'elle va faire ses prières à l'église, et de l'humble curé de village, qui enseigne péniblement le catéchisme à de petits enfants grossiers, en dépit du raisonneur qui hausse les épaules et dit : » A quoi bon ? » Ah! à quoi bon le catéchisme qu'on sonne chaque jour de l'hiver dans les quarante mille clochers de France ? Venez en Crimée, et vous rougirez en face de la vertu qui se révèle au fond du cœur de ces jeunes soldats sans lettres, et qui condamne vos vices, à vous qui ne savez pas assez votre catéchisme pour vaincre vos passions honteuses. A quoi bon le catéchisme? — Cela sert à faire aimer son père, sa mère, toute sa famille enfin, et Dieu pardessus tout ! cela sert à faire connaître le devoir, à faire sacrifier même les jouissances de la vie de famille, à faire préférer la mort si le devoir ou le besoin du pays l'exige. Voilà à quoi sert le catéchisme !

« La consolation la plus douce pour nous, c'est de pouvoir nous dire que pas un militaire ne meurt sans recevoir les sacrements : il me faudrait, non pas des pages, mais des volumes, pour vous rapporter toutes les actions édifiantes, toutes les paroles admirables dont je suis le témoin ou que je recueille tous les jours. Jusqu'ici j'ai été seul appelé auprès des officiers gravement malades à Constantinoble. Tous se sont confessés et ont reçu l'Extrême-Onction. Un colonel, mort à la fin de janvier, me disait au moment où j'arrivais auprès de lui : « Ah ! monsieur l'Aumônier, que je vous sais bon gré de vous être dérangé à cette heure ; je crois que je serais mort par la crainte que j'avais de mourir sans m'être réconcilié avec Dieu. » Pendant les trois derniers jours de sa vie, il a tenu constamment dans sa main gauche (la seule qui lui restât, car il avait été amputé du bras droit) un crucifix qu'une Sœur lui avait donné.

« Je n'ose, me dit-il, l'approcher de mes lèvres, j'ai été trop coupable et trop ingrat, mais je le serre dans ma main pour lui dire que je m'attache à lui à la vie, à la mort. »

« Il y a quelques jours, un capitaine du génie est mort entre mes bras, il avait été blessé dans l'une de nos dernières affaires. »

« Le soir il me fit demander, se mit à se confesser et prononça à haute voix son acte de contrition. Comme je l'engageai à baisser la voix : « Laissez-moi faire, me répondit-il, mes scandales ont été publics, il faut bien que ma réparation soit faite devant tout le monde. » Il continua ainsi à exprimer les plus beaux sentiments jusqu'au moment où il expira, les lèvres collées sur le crucifix. Quinze ou vingt-officiers qui se trouvaient dans la mêm salle ne purent réprimer des larmes d'attendrissement. L'un d'eux me dit: C'est une bonne chose que la religion... A quelle heure pourrai-je vous trouver chez vous ? Je désire me confesser.....

« Que vous dirai-je encore de nos soldats? Pour eux, mourir, recevoir les derniers sacrements, est la chose du monde la plus simple; nous n'avons pas besoin de beaucoup de précaution pour vous en parler.

« Je reçois de la Sœur la liste des malades, je me rends auprès d'eux, je les confesse et leur donne l'Extrême-Onction ; malheureusement le temps ne nous permet guère de leur donner le saint Viatique ; c'est pour nous, comme pour eux, une grande privation. — Mais hélas ! nous ne pouvons pas faire face à toutes nos occupations. »

« Ma mère, écrit un soldat, j'ai fait mon devoir, ainsi que vous me l'aviez tant inculqué ; avant d'aller au combat, je me suis confessé et j'ai reçu le bon Dieu comme pour mourir. Aussi je me suis battu comme un lion. Je viens de recevoir le saint Sacrement; si la mort s'ensuit, je suis prêt à paraître devant Dieu ; si je vis, je vais me battre de nouveau pour la gloire des armes et de mon pays. Tous mes camarades sont dans les mêmes dispositions. Eux aussi se sont souvenus de leurs bonnes mères, et beaucoup ont communié avec moi. Mère, consolez-vous ; nous sommes tous ce que vous autres mères nous avez faits, catholiques et fiers de notre patrie. »

Ces sentiments, mères chrétiennes, sont votre juste récompense et expliquent votre légitime orgueil. — Vous souvient-il, lorsque votre fils tout petit, s'endormait sur vos genoux?.. Il n'avait pas encore prononcé votre nom, mais déjà vous lui parliez du Père céleste qui est dans le ciel... Vous rappelez-vous cette touchante bénédiction, — cette belle fête, — ces pieux cantiques?... Oh! ce jour-là vous étiez bien émue... Votre fils faisait sa première communion.

Il me serait facile, Mesdames, d'émouvoir vos cœurs en feuilletant ainsi vos annales maternelles ; mais nous avons mieux à faire, car vos fils parlent et nous les écouterons.

« Chère mère, dit un soldat de l'armée d'Orient, je t'écris ces deux mots : C'est pour te faire savoir que ton fils est chevalier de la Légion-d'Honneur et en même temps pour savoir l'état de ta santé. Quant à ton chéri, il en a été quitte avec un coup de baïonnette à l'estomac et une balle à la tête. — Console-toi, ton fils est bientôt guéri de ses deux blessures ; il va marcher dans peu de temps avec son bataillon, et portant sur sa poitrine cette belle croix d'honneur; ton fils s'est fait remarquer dans toute l'armée d'Orient et citer dans les journaux par toute la France, pour avoir planté un drapeau sur une tranchée des Russes, et n'avoir quitté la position qu'après avoir reçu ces deux blessures. Seulement, je n'ai pas lâché mon drapeau.

« Chère mère, ton fils a été fait chevalier de la légion d'honneur pour sa bravoure, ses blessures et sa bonne conduite.

«Je t'envoie le ruban de ma croix que je viens de recevoir, et un morceau de ma tunique où j'ai été blessé. — Je termine en t'embrassant de tout mon cœur »

CHAPITRE XIX.

—

Tentatives de paix. — Gare la bombe. — Sorties
des 1er et 2 Mai. — Le jour de Pàques à Sébastopol.

Avant, Mesdames, de continuer notre
recit, je voudrais vous dire un mot sur
les efforts tentés à Vienne, pour le rétablissement de la paix.

Les puissances de France, d'Autriche
et l'Angleterre posaient d'abord comme
garanties préalables de toutes négociations :

1° Que la Russie renonçât au protectorat
qu'elle avait exercé sur la Valachie, la
Moldavie et la Servie et que les priviléges
accordés à ces provinces fussent placés
sous la garantie collective des puissances ;

2° Que la navigation du Danube fut délivrée de toute entrave ;

3° Que le traité du 13 juillet 1841 fut révisé de concert par toutes les parties contractantes, dans un intérêt d'équilibre européen;

4° Que la Russie cessât de revendiquer le droit d'exercer un protectorat officiel sur les sujets de la Sublime-Porte.

Bien que l'Autriche et la Prusse eussent également recommandé au czar l'adoption des quatre garanties, il y avait entre les deux gouvernements des dissidences, qui ne tardèrent pas à éclater.

L'Autriche disait à la Prusse : « Adoptez les quatre points, soutenez-moi si je suis attaqué dans les principautés danubiennes, et donnez-moi des subsides pour m'y maintenir.» — La Prusse répondait, dans une dépêche du 13 octobre : « Vous avez conclu un traité avec la Turquie sans notre concours et sans celui de la Confédération, c'est à notre insu que vous avez pris la résolution d'occuper militairement les principautés. Ce que vous y faites ne nous regarde pas! nous serions engagés par notre traité d'alliance et par la législation fédérale, dans le cas d'une attaque non provoquée contre le territoire autrihien, seulement ce cas ne s'est pas encore présenté.

Mais je m'aperçois, Mesdames, que je dépasse le cercle que je me suis tracé.

Je ne vous demanderai pas, néanmoins, d'oublier les quelques paroles que je vous ai dites, parce qu'elles vous donneront une idée des bases sur lesquelles la discussion fut d'abord posée.

En parlant de guerre, il est tout naturel que l'esprit des femmes s'arrête dans la pacifique arène des nations civilisées, et nous qui pleurons et prions, en attendant le retour des absents, nous sommes bien en droit de penser à la diplomatie. Seulement, en parler, n'est pas tout à fait dans la même chose. Et d'ailleurs, pour cela, il nous faudrait feuilleter plusieurs protocoles et beaucoup de mémorandums, aussi

j'y renonce et je retourne à Sébastopol.
— On y souffre et on y meurt, c'est malheureusement de la compétence de tous.

« Les projectiles tombent comme la grêle dans les tranchées, écrivait un lieutenant de la garde impériale. Mais ce qui est le plus terrible, ce sont les bombes et les obus. On les évite assez facilement en se couchant par terre, et alors on n'a pas à craindre l'explosion et la gerbe des éclats, du moins on a des chances pour se trouver hors d'atteinte. Il est donc important de signaler l'arrivée de ces projectiles creux ; des hommes désignés veillent à cela, et avertissent par ce cri : *Gare la bombe !* Tout le monde alors lève la tête, et on se préserve en se jetant à droite ou à gauche et en se couchant par terre.

« Tous les soldats valent maintenant nos vieux troupiers d'Afrique. Un boulet tombe, ricoche, et dans un de ses sauts coudoie un homme, en lui cassant le bras. Ça l'aurait bien gêné de se déranger un peu, dit le soldat !

« La multitude de boulets dont la terre est couverte, cause déjà à elle seule une surprise mêlée de crainte. Il n'y a pas un repli de terrain qui n'en soit jonché, et les soldats prétendent que si l'on signe la paix, l'Empereur, par une clause spéciale, leur donnera tout ce fer comme part de prise. Le cadeau ne serait pas à dédaigner. L'on pourrait même se contenter de ceux qui ont mis en morceaux les magnifiques pierres de taille du ravin des Carrières, il y aurait encore là un joli denier. Nos troupiers s'y sont, au reste, parfaitement accoutumés. Et, comme le disait un sergent du génie : « Ma foi ! j'en ai maintenant tant vu et de si gros que si jamais je suis tué par une balle, je ne pourrai jamais croire que je suis bien mort. »

« L'ordre, l'activité, la vigilance règnent durant tout le travail du jour. Un soldat, nommé guetteur, veille sur le canons de la place et signale le danger. Le major et le général commandant la tranchée passent sans cesse au milieu des travailleurs. Le général Canrobert vient souvent aussi les animer par sa présence, s'exposant parfois avec une imprudence que l'on blâme, et qui cependant attache dans un chef. — La garde prend alors les armes, chaque travailleur reste à sa place, aucun soldat ne quitte son poste; mais le général visite toujours les endroits les plus périlleux, et sa générosité assure aux hommes une ration ou un supplément de solde pris sur ses ressources personnelles. »

Le général Canrobert loue sans cesse, dans ses rapports, la bravoure et la vaillance de ces troupes. Je serais heureuse, mesdames, de vous citer beaucoup de ces pièces officielles, car le document historique est un pivot sur lequel j'aime à m'appuyer. Malheureusement, le temps qui nous est assigné ne nous permet pas de les parcourir tous ; aussi, parmi beaucoup d'autres, je choisis pour le moment celui qui rend compte des combats des 1" et 2 mai.

« Le premier corps vient d'ajouter une action glorieuse à celles qui ont déjà honoré nos armes dans cette campagne.

« L'ennemi avait établi devant nos attaques de gauche une série de postes fortifiés, qu'il avait solidement reliés et dont le développement présentait, ces jours derniers, l'aspect d'un ouvrage avancé à double enceinte, menaçant nos travaux les plus rapprochés de la place. Il était défendu par plusieurs bataillons.

« Dans la nuit du 1" au 2 mai, cet ouvrage a été enlevé par trois colonnes formées du 46° de ligne, colonel Gault, et des détachements des 1" régiment de la légion étrangère, 43°, 79°, 42° et 98° de ligne, et 9° bataillon de chasseurs à pied, aux ordres directs du général de division de Salles, secondé par les généraux Bazaine et de la Motterouge.

« Habilement et vigoureusement conduites, les troupes ont marché avec ordre en même temps qu'avec un irrésistible élan. Elles ont culbuté l'ennemi, l'ont rejeté dans la place ; et le génie, dont les périlleux travaux ont été dirigés avec une énergie remarquable par le lieutenant-colonel Guérin, a assuré leur établissement définitif dans l'ouvrage, dont elle ont enlevé l'armement.

« Le colonel Viennot, du 1ᵉʳ régiment de la légion étrangère, est mort glorieusement l'épée à la main, à la tête de son régiment.

« Je remercie les généraux, les officiers, les soldats, de leur vaillante conduite ; elle consacre l'ascendant que notre opiniâtreté et tant de vigoureux combats nous ont acquis sur l'assiégé.

« Je remercie en particulier le général Pélissier, commandant le premier corps, des habiles et fermes dispositions d'ensemble avec lesquelles il a préparé les résultats que nous venons d'obtenir.

« Aujourd'hui, l'ennemi, secondé par

l'artillerie de la place, a tenté de reconquérir le terrain qu'il a perdu. Ses efforts sont venus échouer devant le courage de nos soldats et l'habileté du tir de notre artillerie.

« Un ordre du jour spécial fera connaitre à l'armée les noms des braves qui ont plus particulièrement mérité une mention honorable.

« Au grand quartier général, devant Sébastopol, le 2 mai 1855.

« Le général en chef,

« CANROBERT.

« Pour ampliation :
« *Le général chef d'état-major général,*
« E. DE MARTIMPREY. »

Je vous disais tout à l'heure que je citais volontiers les rapports officiels. Mais il y a des sujets qui me sont bien plus sympathiques. — Vous devinez que nous allons entendre parler de Dieu, en écoutant la lettre d'un officier de l'armée :
« Le dimanche de pâques, 8 avril, la veille

de l'ouverture du feu, il y eut au camp une belle cérémonie. Le service divin commença de bonne heure ; la sonnette du prêtre était remplacée par des clairons qui avaient mille fois bravé la mort et allaient la braver encore. Il était beau de voir ces soldats, venir retremper leur âme auprès du Dieu que, dans leur enfance, leur pauvre mère leur avait appris à aimer et à prier. Le calme, le recueillement de tous ces hommes noircis par la poudre, était quelque chose d'imposant. Quelle différence avec le bruit mondain de nos églises. Ici, c'était un eune prêtre couvert d'un surplis tout simple, n'ayant pour ornement qu'une simple croix de pardon pendue au cou, mais que les soldats voient toujours auprès des blessés et des mourants, qui officiait sous un dais de toile, ayant pour autel quelques caisses de tambours, pour église et coupole le ciel, qui ce jour-là était bleu ; pour auditoire, de braves soldats épouvés par les misères de la guerre, qui lèvent la tête devant la mitraille, mais qui venaient, pieux et recueillis, entendre la parole de Dieu.

« Au moment de l'élévation on entendait-le clairon de l'autel et la grande voix de mille canons qui, un instant, avaient semblé se taire, pour former, pendant la bénédiction, une immense salve au pieux sacrifice.

« Soyez assuré que moi, pauvre soldat, enfant de la guerre, je ramenais ma pensée vers Dieu, et que dans ce court espace de temps, ma jeunesse, ma vie passée, les leçons de ma bonne vieille mère, les sages conseils du brave curé qui m'avait fait faire ma première communion, tout cela fut présent à ma pensée ; et de demi-païen que j'étais dix minutes avant, je suis devenu le disciple dévoué d'une religion qui fait de tels miracles et qui donne au cœur de telles consolations. Depuis lors, tous les dimanches une pareille messe se dit ; je me fais un cas de conscience d'y assister ; je crois valoir mieux comme homme et comme soldat en sortant de là ; car je me dis : « Ma mère prie pour moi aujourd'hui , moi je paie ma dette aussi, car je prie pour elle. »

« La prière du soldat qui peut-être sera mort demain, et qui, sans s'occuper de lui, demande à Dieu du bonheur pour ses vieux parents, qui n'ont plus que lui pour consolation, doit monter droit au ciel.

« En sortant de là, je marche gaiement à la tranchée, en me disant : « En avant ! ta mère prie et Dieu veille sur toi ! »

CHAPITRE XX.

—

Démission du général Canrobert. — Vive Canrobert! — Le général Pélissier : Heureux début du commandant en chef. -- Transport des malades de Sébastopol à Constantinople.

Les combats ds 1er et 2 mai furent les dernières victoires du général Canrobert, comme commandant en chef de l'armée d'Orient. — Une ophthalmie cruelle le força à donner sa démission. — Il voulut néanmoins continuer à servir son pays en reprenant son poste de chef de la 1er division.

Ce fut avec une profonde émotion, partagée par tous les assitants, que le général Canrobert remit ses pouvoirs à son successeur.

Ce changement fut annoncé à l'armée en ces termes :

« Soldats !

« Le général Pélissier, commandant le premier corps, prend, à dater de ce jour, le commandement en chef de l'armée d'Orient.

« L'Empereur, en mettant à votre tête un général habitué aux grands commandements, vieilli dans la guerre et dans les camps, a voulu vous donner une nouvelle pruvee de sa sollicitude, et préparer encore davantage les succès qui attendent sous peu, croyez-le bien, votre énergique persévérance.

« En descendant de la position élevée où les circonstances et la volonté du souverain m'avaient placé, et où vous m'avez soutenu, au milieu des plus rudes épreuves, par vos vertus guerrières et ce dévouement confiant dont vous n'avez cessé de m'honorer, je ne me sépare pas de vous. Le bonheur de partager de plus près vos glorieuses fatigues, vos nobles travaux, m'a été accordé, et c'est encore ensemble que, sous l'habile et ferme direction du nouveau général en chef, nous continuerons à combattre pour la France et pour l'Empereur.

« Au grand quartier général, devant Sébastopol, le 10 mai 1855.

« *Le général en chef,*

« CANROBERT. »

« Vous ne pouvez, dit une lettre, vous faire une idée de la douleur de l'armée quand elle a appris le remplacement du général. J'ai vu couler autant de larmes que si notre chef était mort. A l'Alma, quand il fut blessé et qu'il tomba, sa division s'arrêta court, et, au premier signe de vie, tous les soldats crièrent : *Vive Canrobert!* Ici, chacun crie : *Vive Canrobert!*

Des milliers de lettres sont parties

pour la France par le dernier courrier, et dans toutes se peint la douleur profonde qui se lit sur la figure de tous nos compagnons d'armes. »

Nous venons, mesdames, d'entendre un officier exprimer les regrets de toute l'armée, aussi je ne vous en dirai rien, pas plus que des impossibilités que présentait alors la prise de Sébastopol. — Seulement, je me souviens des paroles que le grand Condé prononçait, lorsqu'en 1709 il était obligé de lever le siége de Lérida. — Elles sont, du reste, répétées par le prince Eugène, qui confirmait ainsi l'opinion des plus grands capitaines. — Mais ne réveillons pas le temps passé, car aujourd'hui, nous avons à nous occuper des héros modernes.... Et après vous avoir nommé le général Canrobert, il me reste à vous parler du général Pélissier.

Il commandait la division d'Oran, lorsqu'il fut appelé, le 1er janvier 1855, au commandement du 1er corps de l'armée d'Orient ; Il fut spécialement affecté aux travaux du siége. — Le 1er corps était composé des divisions des généraux Forey, Levaillant, Paté, et Salles.

Le 19 mai 1855 le général Pélissier fut nommé commandant en chef de l'armée d'Orient. — Ses débuts furent heureux. Dans la nuit du 22 au 23 mai, il s'empara des ouvrages que les Russes construisaient du côté du fort de la Quarantaine. — Ce fut une bien sanglante mêlée. Mais je ne veux pas vous parler de ces combats éclairés par la lueur du canon et les feux de la mousqueterie ; de ces soldats se culbutant dans les tranchées ; de ces cris d'ardeur qui se mêlent aux gémissements des blessés, tandis que le sifflement des balles étouffe les râlements de l'agonie. — Oh non ! Mesdames, je ne vous tracerai pas de semblables tableaux qui vous affligeraient inutilement ; aussi, j'aime mieux vous parler des soins empressés que reçoivent nos pauvres blessés.

L'autorité fait des efforts inouïs pour

améliorer la situation de la partie souffrante de l'armée. Les ordres sont positifs. On ne recule devant aucune dépense, et la marine comme l'armée sont toujours prêtes à se dévouer pour le soulagement des blessés. — Il sont habituellement transportés de Sébastopol à Constantinople.

« Au jour fixé pour le départ, un nombreux troupeau de mulets stationne dès le matin autour de l'ambulance ; sur chaque mulet est un bât fort industrieusement organisé ; de chaque côté du bât sont adaptés de petits siéges, sur lesquels on assied les moins malades, ou bien de petits lits en fer, dans lesquels on étend les amputés ou ceux encore que la violence du mal empêche de se tenir assis. Le triste chargement une fois opéré, des hommes valides viennent prendre successivement la bride des mulets, et l'on se met en marche. Il y a quelque chose de touchant à voir cette longue file d'hommes, jeunes encore, aux traits altérés par la souffrance, enveloppés dans leur couverture et cheminant à pas lents à travers la campagne aride et nue sur laquelle nous sommes campés. Quelquefois de tristes épisodes rendent cette marche horriblement pénible. Autant que possible, on choisit de beaux jours pour organiser les cavavanes ; mais ici le temps est changeant, et au moment où l'on s'y attend le moins, une affreuse bourrasque vient assaillir le convoi : la neige tombe, et le vent la fait tourbillonner avec une sorte de fureur. Alors le froid et l'humidité gagnent nos pauvres malades, et, si la tempête continue, leurs souffrances deviennent bien dures. Arrivés sur le port, ils n'ont pas même le moyen de parvenir jusqu'au vaisseau préparé pour les recevoir. La mer est trop forte, et l'embarquement serait dangereux. Alors on les dépose sous des tentes dressées sur le rivage, on les enveloppe de couvertures, et chacun s'efforce de leur faire oublier, par de bons soins, la mauvaise fortune de la matinée.

CHAPITRE XVI

—

Expédition de la mer d'Azof. — La ville de Kertch. —
Evacuation de Kertch et de Iénikalé. — Désordres à
Kertch. — Taganrog, Marienpol. — Mort touchante
d'un jeune homme.

Le 22 mai une partie des flottes alliées
entreprenait une expédition depuis longtemps projetée. — Il s'agissait d'entraver
le ravitaillement de Sébastopol par la mer
d'Azof. — Les Russes, chassés de la mer
Noire depuis le commencement de la guerre, traversaient la mer d'Azof pour amener les vivres et les munitions près de la
chaussée, bâtie sur pilotis, établie sur les
lagunes de la mer Putride. La mer Noire

communique à la mer d'Azof par le détroit
de Kertch ou Bosphore cimmérien. La
ville de Kertch, dont la fondation est attribuée aux Milésiens, est l'ancienne Panticapée. Elle devint, sous le règne de Mithridate, la capitale du royaume du Bosphore
et du Pont. Aujourd'hui, elle a recouvré
une partie de son ancienne splendeur.
On ne reconnaît plus la ville turque sans
importance, que la Porte céda à la Russie
en 1774. — Elle contient une population
de 19,000 habitants. — On y remarque
surtout une ancienne église grecque, placée sous l'invocation de Saint-Jean le Pré-
curseur. Les vieux auteurs en font souvent mention et quelques-uns prétendent
qu'elle fut bâtie avec les débris du temple
élevé au célèbre Esculape de Panticapée.

La ville de Kertch s'étend en arc au pied
du mont de Mithridate, auquel elle est
reliée par un escalier en pierre dans le
genre de celui de l'orangerie de Versailles.

Les bâtiments français désignés pour
faire partie de l'expédition étaient le *Mon-*

tebello, portant le pavillon de l'amiral Bruat et remorqué par le *Napoléon*, que montait le contre-amiral Charner, puis le *Charlemagne*. — Ensuite six frégates, sept corvettes et enfin huit avisos.

Parmi les corvettes à vapeur, l'on remarquait le beau navire le *Roland*, dont les officiers se sont particulièrement distingués dans cette campagne. Entre tous, on a admiré M. Fernand de Besplat, dont l'héroïque conduite faisait oublier les jeunes années. — Ce vaillant officier vient de recevoir la croix de la Légion-d'Honneur. Déjà, la munificence du Sultan lui avait accordé l'ordre de Médjidié.

La flotte anglaise était composée de trente-deux voiles à vapeur. Sur ces vaisseaux furent répartis la 1er division du 1er corps de siége, renforcée de trois batteries d'artillerie, plus 3,500 Anglais et 5,000 Turcs.

L'escadre alliée se mit en marche par un temps magnifique ; le ciel était bleu, la mer était calme ; enfin un solennel silence régnait dans l'atmosphère. — Bientôt cependant un épais rideau de brume est aperçu, les bâtiments ne se distinguent plus les uns les autres. — Afin de maintenir les distances et éviter les chocs, l'amiral ordonna à chaque équipage de jouer des marches et des airs différents. — Il put ainsi continuer à faire exécuter les manœuvres, il n'y eut aucune avarie, aucun abordage.

Le rendez-vous général était la baie de Kamysch Bouroun. L'escadre y mouilla le 24 mai à onze heures du matin. — Dès que les vaisseaux eurent jeté l'ancre, l'amiral donna des ordres pour le débarquement.

Le commandant en chef de la plage avait sous ses ordres des enseignes et aspirants de marine. — Parmi ces derniers était M. Baratier, qui entre tous s'est fait remarquer par sa bravoure. Le lieutenant de vaisseau M. Perrier, second de la corvette le *Roland*, a rendu d'immenses services dans le débarquement.

Le signal d'avancer fut donné aux embarcations.

L'amiral Bruat guida vers le cap Saint-Paul une flotille composée de petits bâtiments. Elle s'avança avec de minutieuses précautions. — On eut lieu de se féliciter de cette prudence, car on découvrit dans la passe, des bouées explosives, que de triples fils de laiton garnis d'une enveloppe de gutta-percha, mettaient en communication avec un appareil électrique placé dans la batterie Saint-Paul.

La flotille pouvait s'attendre à essuyer le feu de cette batterie. — Mais les Russes craignant d'être pris en revers par les troupes de débarquement, évacuèrent ces ouvrages en faisant sauter les poudrières, qui produisirent d'épouvantables explosions.

On aperçut alors des goëlettes et barques fuyant à toutes voiles. Elles furent poursuivies. — Plusieurs furent prises par le commandant du *Fulton*, M. Lebris-Durumain, qui depuis le mois de février était en croisière devant Kertch. L'amiral Bruat dit, dans son rapport sur l'expédition de Kertch, avoir agi d'après les renseignements donnés par cet officier.

Pendant la courte escarmouche qui eut lieu en poursuivant les barques, la forteresse d'Iénikalé avait fait pleuvoir des boulets et des obus. Après, tout rentra dans le silence, mais .vers le soir elle s'illumina soudain. — Les Russes l'évacuaient en la faisant sauter.

La division de Kertch imita sa voisine et anéantit des magasins renfermant des approvisionnements immenses. L'armée et la flotte, ainsi exemptées par l'ennemi, d'acheter le succès au prix de leur sang, prirent possession de Kertch. Je préférerais, Mesdames, ne pas les y suivre, car j'aurai à vous raconter de bien tristes choses. — Cependant, hâtons-nous de le dire, je n'aurai guère à parler que des excès commis par les Turcs et les Tartares.

En arrivant à Kertch, le général français vit venir à lui un groupe d'habitants, qui lui présentèrent le pain et le sel, suivant la coutume du pays. Ils annoncèrent le départ des Russes et promirent bon accueil aux alliés. Le général les reçut avec autant de dignité que de bienveillance, et fit former la haie par le 19ᵉ de ligne, le long des rues que les troupes devaient parcourir. — Toute la population était groupée aux fenêtres. Elle se composait de Tartares, de juifs et de quelques Russes de classe inférieure.

Le corps expéditionnaire, en se rendant à Jénikalé laissa à Kertch un seul détachement français et quatre régiments écossais. — Les soldats fatigués, accablés par une chaleur tropicale, cherchèrent vainement de l'eau et des provisions. La garnison, avant de s'éloigner avait coupé les aqueducs, et les Tartares envahissant les maisons après l'évacuation, les avaient livrées au pillage.

Dans la soirée, des Turcs quittèrent le camp et se ruèrent sur la ville, où ils commirent les crimes les plus atroces. Les

Tartares restés à Kertch, avaient salué l'arrivée des Osmanlis par des cris de joie, et les avaient reçus comme des libérateurs, comme des frères auxquels les unissaient les liens de la religion, de la langue et d'une haine commune contre les Russes. Ils conduisirent les Turcs de maisons en maisons et signalèrent à leur cupidité les demeures, les familles de ceux que poursuivaient surtout leur haine et leur fanatisme, satisfaisant ainsi leur vieille animosité contre les négociants et marchands russes.

« Le pillage de Kertch continue, dit un témoin occulaire ; les habitants se sont enfuis. Les Tartares eux-mêmes sont dans la terreur. Pendant deux ou trois jours, la plage était couverte de femmes et d'enfants, exposés aux rayons d'un soleil brûlant, et réunis là dans l'espoir d'échapper aux violences qui se commettaient dans la ville. Ils mouraient de faim et n'étaient vêtus que de haillons. Ils ont été recueillis par charité à bord du *Ripon*, qui prendra la mer ce soir et les transportera dans quelque port russe. Ils sont environ deux cents. Des mères ont perdu leurs enfants; des enfants n'ont plus de parents. Les uns et les autres ont été séparés dans la confusion qui a régné ici pendant quelques jours. Le *Caton* a transporté déjà un certain nombre de ces malheureux dans les ports de la mer d'Azof, et le *Ripon* conduira les autres à Odessa ou à Yalta.

« L'aspect que présente en ce moment la ville ne peut se comparer qu'à celui de Palmyre ou de toute autre cité renommée comme un type de désolation. Le long du quai s'étend une ligne de murs qui formaient naguère les façades de nombreux entrepôts, de magasins, de maisons et de palais. Ce ne sont plus que des murailles vides, des édifices en ruine dont le toit a disparu, et au-dessus desquels s'élèvent encore, pendant la nuit, les lueurs sinistres de l'incendie.

« Sur la longue ligne de constructions

qui fait face à la mer, il n'y a pas un édifice qui ait été respecté. Je me trompe, il y en a un, un seul. C'est une maison de belle apparence avec une grande façade ornée de colonnes grecques. Les fenêtres laissaient voir dans l'intérieur des glaces massives, de riches cadres et divers objets d'ameublement. Tout près de la porte qui reste ouverte se tient un vieillard ; assis dans un grand fauteuil, il sourit à tout venant, reçoit les visiteurs avec les marques de la plus grande politesse, et tâche de leur faire entendre, à l'aide de quelques mots français, que cette habitation est sous la protection spéciale de la France et de l'Angleterre.

Le musée fut dévasté. Des tables de marbres scellées dans les murs furent arrachées. — Rien de ce qui pouvait être cassé ou brûlé n'est resté intact.

Des patrouilles françaises firent les plus grands efforts pour réprimer les désordres. On y parvint jusqu'à un certain point, mais non sans avoir tué ou blessé beaucoup de Turcs et de Tartares. Un de ces misérables fut frappé d'une balle au moment où il agitait son sabre, encore teint du sang d'un pauvre enfant qu'il avait coupé en morceaux.

Un seul navire de guerre français se trouvait en ce moment dans la rade de Kertch. Le commandant en référa à l'amiral Bruat, qui s'empressa d'accourir. Il rassura les habitants et prit de concert avec l'amiral Lyons les mesures les plus énergiques pour assurer le respect des personnes et des propriétés.

Si dans ces pénibles moments un seul bâtiment pût intervenir, c'est que le gros de la flotille était resté à l'ancre dans la baie de Kamysch—Bouroun, tandis qu'une escadrille pénétrait dans la mer d'Azof, sous le commandement du capitaine Béral de Sédaiges et du capitaine Lyons.

Plusieurs forts du littoral de la mer d'Azof furent bombardés. L'escadrille arriva devant la ville de Taganrog, célèbre par la mort mystérieuse de l'empereur

Alexandre 1er, qui y succomba en 1825.

Les flottes alliées, en mouillant sur la rade de Taganrog, arborèrent le pavillon blanc. Des officiers parlementaires furent débarqués.

Ils posèrent comme conditions :

1° **Que** la ville serait livrée aux alliés afin qu'ils pussent détruire tout ce qui appartenait au gouvernement russe. Particulièrement les denrées et munitions de guerre ;

2° Que personne ne pourrait circuler dans les rues pendant toute la durée de l'occupation ;

3° Que des officiers supérieurs accompagneraient les officiers des nations alliées chargés de l'exécution des précédentes conditions, et répondraient sur leur tête de toute tentative de trahison.

A ce prix, les alliés s'engageaient à épargner la ville et à protéger les habitants et les maisons particulières.

Une heure était donnée pour répondre par *oui* ou par *non*. — Des embarcations, l'on pouvait apercevoir la population échelonnée sur les hauteurs qui couronnent la ville. — Au bout d'une heure, le gouverneur de Taganrog fit répondre que l'honneur militaire s'opposait à ce qu'il livrât sans combat la ville confiée à sa défense. — Alors la longue ligne des embarcations armées en guerre s'ébranla. — Le feu s'ouvrit. — Les églises et les établissements de bienfaisance sur lesquels flottait le pavillon noir furent épargnés ainsi que les habitations particulières. — Bientôt une descente fut tentée.— Des marins anglais et français, bravant le feu soutenu des cosaques, allèrent incendier les magasins de grains et autres approvisionnements de guerre.

L'escadre se rendit ensuite devant Mariempol, cet important entrepôt des grains de la fertile Ukraine. Les conditions proposées à Taganrog furent renouvelées à Mariempol. Le gouverneur, dont le garnison se composait seulement de cent hommes, répondit d'une manière si digne, que ses scrupules furent généreusement compris des chefs français et anglais, aussi fut-il permis à la garnison russe de se retirer avec armes et bagages. — Des officiers alliés débarquèrent à Mariempol et firent respecter les habitations particulières, en détruisant tout ce qui appartenait à l'Etat. — L'escadrille mit ensuite le cap sur la baie de Temriouk. Mais il me semble, Mesdames, qu'il y a bien longtemps que nous la suivons, aussi ai-je le désir de revenir à mon sujet de prédilection, en vous lisant la lettre du père de Damas, qui raconte la mort édifiante d'un jeune homme.

«C'était un fils unique. Son père, ancien officier supérieur, était mort en laissant à sa veuve ce gage unique de sa tendresse. Il avait grandi sous les yeux de sa mère ; il s'était instruit et il avait été admis à Saint-Cyr. Depuis un an, il était sorti de l'école, jeune et brillant officier, plein de santé et d'avenir. Le mois de septembre l'avait vu débarquer sur la terre de la Crimée, pour y prendre part aux glorieux travaux de la campagne. Un jour, on nous l'apporta à l'ambulance. La fièvre le consumait. Le médecin en chef était dans l'anxiété sur l'issue de cette maladie et sur la possibilité de lui donner des soins. Envoyer le jeune homme à Constantinople, c'était l'exposer à mourir dans la traversée ; mais le garder sous la tente ne valait guère mieux.

« Alors il prit un moyen terme. Je venais de faire construire sur le bord de la mer une petite chapelle en bois. Le médecin me demanda l'hospitalité pour son malade dans la maison de Dieu, et nous construisîmes aussitôt dans ma chapelle, au pied de l'autel où je dis la messe chaque matin, une petite alcôve en nattes de jonc et en couvertures de laine. Nous y déposâmes l'officier sur un petit lit de campement que j'avais fait venir de Constantinople pour mon usage, et je me mis à son service. Étant supérieur de collége, j'avais soigné et je savais que des soins assidus pour faire observer à la lettre les prescriptions de la science, étaient comme une sorte de garantie de guérison. Je promis donc au malade de le veiller moi-même et de le servir le jour et la nuit.

« Le premier jour, il parut gêné de cette position. C'était un effet de sa délicatesse de cœur. Mais, le lendemain, pendant que j'étais à genoux au chevet de son lit, priant et attendant qu'il me demandât quelque chose, il se souleva sur son oreiller, et passant son bras autour de mon cou, il me dit : « Oh ! voulez-vous me servir de père ? C'est la première fois que je suis malade, et seul, si loin de ma famille, je sens que j'ai besoin de quelqu'un en qui j'aie confiance, et par qui je me laisse conduire comme par mes parents. » J'embrassai ce pauvre enfant, et je lui promis de nouveau de ne pas le quitter.

« Huit jours se passèrent ainsi entre la crainte et l'espérance. Mais, un soir, le choléra vint compliquer l'état si grave du pauvre patient. Je ne lui avais pas encore parlé de la préparation à la mort, et comme son mal demandait un grand calme et un grand silence, je n'avais pas même entamé avec lui la question religieuse. Seulement, j'avais vu à son cou le scapulaire de la Sainte Vierge. Dans ce moment, il n'y avait plus à hésiter. J'embrasse cet enfant, et je lui demande s'il veut obtenir de Dieu le pardon de ses fautes. — Oh ! oui, répondit-il, je le voudrais bien. Mais la pénitence est un si grand sacrement ! Je n'y suis certainement pas préparé. Alors je le disposai moi-même à cette grande action. Je lui fit réciter les prières qu'il aimait de préférence, et en particulier le *Memorare*. Êtes-vous fâché d'avoir offensé Dieu ? lui dis-je. — Je vous assure, reprit-il, que je ne l'ai jamais fait que par faiblesse et par entraînement, et que je me le suis toujours vivement reproché. Je lui donnai l'absolution de ses fautes, remettant l'extrême-onction au lendemain. Pendant toute la nuit nous priâmes encore ensemble, et nous nous entretînmes de la vie et de la mort au point de vue chrétien.

« Oh ! qu'il y a de nobles sentiments dans les âmes de nos jeunes officiers ! Emportés par une certaine fougue de jeunesse, ils se montrent parfois méprisants ou fiers, ils affichent certains airs d'impiété, mais le fond de leur cœur est plein de noblesse. Laissez passer l'effervescence du premier moment, et vous trouverez un trésor caché dans ces jeunes âmes. Pendant deux jours, il me fut donné de lire de bien belles choses dans le cœur de l'enfant que j'avais presque adopté.

« Les médecins firent des prodiges pour l'arracher à la mort. Je les ai vus se réunir autour du lit du jeune officier pour remplir auprès de lui les fonctions de simples infirmiers. Ils se montrèrent plus que dévoués à leur devoir. Je les vis presque se passionner pour disputer à la mort la vie de cet enfant. Enfin la mort devait l'emporter sur l'art ! Or, pendant ces deux jours suprêmes, mon courageux

jeune homme la regarda en face sans frémir. Je n'ai pas surpris en lui un moment
d'hésitation ; et comme je lui posais une
fois la question catégoriquement : « Voulez-vous mourir selon la volonté de Dieu ?
Etes-vous disposé à tout ? Absolument.
Lorsqu'il ne put plus parler, il avait encore sa connaissance toute entière. « Alors
je lui récitai tout haut des prières. Il
joignait les mains et tâchait de tourner la
tête de mon côté. Enfin lorsque ses yeux
furent vitreux et insensibles à la lumière,
je pris les mains du mourant, je penchai
ma tête sur son oreiller et je lui dis tout
bas : « Je vais vous donner une dernière
absolution. Etes-vous bien résigné à mourir? » Il pressa mes mains dans les sien-
nes, il mit sa joue sur la mienne ; ses lèvres s'efforcèrent de prononcer une parole
qu'elle ne purent articuler. Je lui donnai
l'absolution, et il mourut.

« Le lendemain, tous les officiers de son
régiment se réunirent dans une chapelle
pour lui rendre les derniers devoirs. Sur

le bord de la tombe, son colonel prononça
en quelques paroles bien senties, un éloge
funèbre qui était une leçon d'honneur
pour tous le sassistants. Les soldats passèrent un à un près du cercueil, tirant
leur coup de fusil dans la tombe, qui se
referma aussitôt et fut surmontée d'une
croix en signe d'espérance.

CHAPITRE XXII.

—

Sortie du 7 juin. — Armistice. — Les deux zouaves. — Les prisonniers français en Russie.

Tandis que nos flottes parcouraient le littoral de la mer d'Azoff, l'armée de Crimée se préparait à donner simultanément l'assaut au mamelon Vert, au Redan, à la Tour Malakoff et aux ouvrages blancs de la baie du Carénage. Le 7 juin, les attaques françaises et les batteries anglaises ouvrirent leur feu contre la place.

Le mamelon Vert, sur la pente duquel les Russes avaient creusé une parallèle de contre-approche et établi de nombreuses embuscades, se trouvait à très-peu de distance de la dernière parallèle française.

« En avant de ce mamelon, écrit un soldat, des retranchements profonds en défendaient l'approche. Oh ! quelles difficultés, quels obstacles pour franchir cet ouvrage et s'emparer de cette position ! Mais il le faut, les Français meurent, et ne se rendent pas. — La canonnade et la fusillade se font entendre, l'horizon est en feu, les Russes vont et viennent précipitamment dans les rues de Sébastopol et attendent un coup terrible. On franchit les tranchées, on s'élance sur cette formidable position en criant tous ensemble : « A la baïonnette ! à la baïonnette ! nous sommes Français ! vaincre ou mourir ! » Nous franchissons les premières tranchées russes au milieu d'une grêle de mitraille, on tombe sur l'ennemi ; il rétrograde derrière ses ouvrages. On franchit le deuxième obstacle, on se cramponne, on glisse, les Russes nous assomment à coups de pierres. Malgré leur défense, on parvient au sommet de cette terrible position, on tue tout ce qui se trouve sur son passage. Ce ne sont plus des hommes qui se battent, ce sont des lions qui dévorent tout sans pitié. Aussitôt les Cosaques battent en retraite, nous tenons cette position. Mais le terrain est jonché de cadavres au pied de ce mamelon Vert, qui était pour ainsi dire imprenable. Nous avons 400 prisonniers en notre pouvoir, dont 15 officiers. »

La victoire du 7 juin rendit les assiégeants maîtres de positions très-importantes, mais ils eurent environ deux mille cinq cents hommes mis hors de combat. — Ils eurent à regretter le colonel Hardy, aussi recommandable par sa bravoure, que par les qualités de son cœur et de son esprit; le capitaine d'artillerie Decasse, le colonel Baguet de Brancion, enfin le général de Lavarande commandant le régiment des zouaves de la garde impériale. — C'est à la tête de ces intrépides soldats, que le général de Lavarande se distingua dans les sanglants combats livrés sous les murs de Sébastopol. — Pour honorer sa mémoire le général Pélissier décida que les ouvrages blancs seraient désormais appelés *ouvrages Lavarande*. Par un même ordre du jour, le nom de *redoute Brancion* fut donné au mamelon Vert.

Un ordre général annonça aux troupes les suites de la bataille :

« Soldats !

« Le combat du 7 juin est une brillante victoire par l'éclat qu'il jette sur nos armes et par la grandeur des résultats obtenus. Vous avez bien mérité de l'Empereur.

« A force de courage et d'élan, vous avez arraché à l'ennemi les trois redoutes armées d'une puissante artillerie, qui formaient, à l'extérieur, la principale défense de la place ; 62 bouches à feu sont restées entre nos mains ; 400 prisonniers, dont 14 officiers, sont en notre pouvoir.

« Un ordre du jour ultérieur fera connaître à l'armée et au pays les corps qui ont glorieusement figuré dans cette lutte, et les noms de ceux d'entre vous auxquels est dû le prix de la valeur.

« Je me borne à vous dire aujourd'hui que votre tâche s'est noblement accomplie. Nous venons de faire, avec le concours de nos braves alliés, un pas décisif vers le but que poursuivent et qu'atteindront, soyez-en sûrs, nos persévérants efforts.

« Soldats ! ma confiance en vous est sans bornes, et votre général en chef a l'orgueil de penser que la vôtre lui est acquise.

« Au grand quartier général, devant Sébastopol, le 8 juin 1855.

« *Le général en chef*, PÉLISSIER. »

On convint d'un armistice pour l'enlèvement des morts, et, dans la journée du 8, l'on procéda de part et d'autre à cette pénible tâche ; mais au lieu de se mêler, comme précédemment, une ligne de démarcation fut tracée sur le terrain. Les Russes venaient déposer sur cette ligne les cadavres des soldats alliés qui se trou-

vaient de leur côté, et nos troupes en faisaient autant pour les cadavres ennemis. Il
ne s'engagea aucune conversation entre
nos officiers et les officiers russes, dont la
plupart étaient en gants blancs et en grand
uniforme.

Pendant cette douloureuse cérémonie,
un incident vint un instant consoler nos
soldats péniblement émus en reconnais-
sant les corps de tant de camarades. Deux
zouaves, qui avaient disparu depuis la nuit
du 7 et dont on ignorait le sort, apparurent comme des spectres au milieu des
Russes, et, franchissant la ligne sans qu'on
eût pu voir d'où ils sortaient, vinrent ser-
rer la main de leurs camarades, qui les
croyaient à tout jamais perdus. Ces deux
zouaves, entraînés par l'ardeur de la lutte,
s'étaient lancés jusqu'à la contrescarpe de
la tour Malakoff; ils ne purent modérer
leur élan, et culbutèrent dans le fossé,
d'où ils ne purent sortir.

Nos prisonniers furent, en général,

bien traités par les Russes. Ecoutez l'**un** d'eux qui parle de leurs bons procédés.

« 4 mai.

« Je dîne aujourd'hui, pour la troisième fois, chez Mlle Roudzévitsch.Cette demoiselle est la fille du général qui prit Montmartre en 1814. Un de ses frères est général aussi. Elle demeure avec une de ses sœurs qui a résolu, comme elle, de ne pas se marier ; Mlle Marie Roudzévitsch, l'aînée, est demoiselle d'honneur de l'impératrice Alexandra, mère de l'empereur actuel. Elle emploie ses revenus à soulager tous les malheureux de n'importe quel pays. Elle aime surtout à visiter les malades et les prisonniers. Si la guerre diminue sa fortune, elle multiplie sa charité. C'est une personne que **Dieu** a mise sur la terre pour n'y faire que du bien.

« Nous nous promenons tous les jours en ville avec un officier militaire ou civil. Dans le commencement, il se formait des rassemblements de curieux autour de nous; maintenant qu'on est habitué à nous voir,

on nous laisse circuler assez librement.
Plusieurs dames nous ont offert des fleurs,
des bonbons et d'autres objets dont elles
supposaient que nous pourrions avoir besoin, soit pendant notre séjour à Simphéropol, soit pendant notre voyage. Elles
ne cachent point la sympathie que nous
leur inspirons, et elles ne craignent pas de
se promener avec nous et d'aller visiter
les malades dans les hôpitaux. Le nom
français est aimé et respecté ici bien plus
que le nom anglais. Les Russes parlent
notre langue presque sans accent.

On dirigeait les officiers prisonniers
Français sur Kagoula et Riazan et les soldats sur Tamboff. — Ces villes sont les
chefs lieux des trois gouvernements de ce
nom situés au sud de celui de Moscou.

La France se montra, comme toujours,
généreuse ; vous savez que le général Bodisco fut laissé libre et quitta la résidence
qui lui avait été primitivement désignée.

Mais Mesdames, je crains d'avoir abusé
de vos moments, aussi je finis en vous di-

sant que le gouvernement français vient
d'envoyer en Russie, cinquante mille fr.,
destinés à alléger le sort des prisonniers.

———

CHAPITRE XXIII.

—

Les Anglais à Sébastopol. — Le fils du 88° — Affaire du *Cossack*. — Bombardement de Sweaborg. — Victoire de la Tchernaïa.

Le 15 octobre 1855, le couvent de C... présentait un joyeux aspect. — Les religieuses avaient paré leurs autels. — Les novices faisaient entendre de pieux cantiques. — Toutes enfin, fêtaient la bienheureuse patronne de leur révérée mère, Sainte-Thérèse, de séraphique mémoire. — La supérieure était dans la salle du noviciat, entourée non-seulement de ses filles, mais encore de ces pieuses femmes qui aiment à visiter les asiles du Seigneur. Bien des sollicitations étaient adressées à la mère Thérèse, et elle y répondait en disant :

Aujourd'hui que nous connaissons le glorieux dénouement du mémorable siége, vous me permettrez d'abréger encore davantage, car j'ai hâte d'arriver aux traits héroïques et touchants qui ont illustré la prise de Sébastopol. Ainsi, je ne vous parlerai pas de la meurtrière attaque du 18 juin ; mais quoique j'omette les grands faits de cette funeste journée , je vous en raconterai néanmoins un joli épisode. — Pendant la bataille , trois régiments, de nos alliés les Anglais, étaient parvenus à s'introduire dans un des faubourgs de Sébastopol. — Arrivés là , ils s'emparèrent de quelques maisons, et tout en faisant face à la fusillade des Russes , ils trouvèrent le temps d'orner leurs schakos des rubans et des dentelles des dames moscovites. — Plusieurs maisons étaient élégamment meublées. — D'autres appartenaient à de pauvres artisans. Dans une de ces dernières, un soldat du 88ᵉ découvrit un pauvre enfant abandonné. La petite créature, âgée seulement de quelques mois, sourit au militaire, et le brave homme l'adopta en le serrant sur son cœur, tandis que de sa main droite il ripostait à la fusillade russe. Chargé de son précieux fardeau, il effectua ainsi que ses camarades une glorieuse retraite à travers toutes les forces ennemies. — L'enfant fut adopté par le régiment. — Il s'appelle le fils du 88ᵉ.

Puisque nous parlons des Anglais, il faut que je vous dise quelques mots du massacre de Hango, dont toute l'Europe fut émue. — Un vaisseau anglais, le *Cossack*, envoya à terre son cutter pour relâcher des Finlandais faits prisonniers. — Au mépris du pavillon parlementaire que montrait le lieutenant anglais, il fut attaqué par les Russes, qui le tuèrent ou le blessèrent, ainsi que les Finlandais et tout l'équipage du cutter. — Un seul matelot échappa et put raconter les détails de cette triste affaire. — Un grand cri d'indignation s'éleva en Angleterre. — Des réclamations furent adressées aux autorités russes, qui attaquèrent la qualité de parlementaire pour le lieutenant du *Cossack* et nièrent la véracité du récit du matelot. — La question fut très controversée et finit enfin par être abandonnée. — Je ferai de même, pour vous dire qu'au mois d'août dernier le gouvernement russe prit soudainement la résolution de renoncer à sa colonie du Kamtchatka. Les alliés s'en emparèrent sans coup férir et détruisirent les fortifications de Petropaulowski. Dans le même temps avait lieu le bombardement de Sweaborg; vous savez que cette forteresse, située sur la côte nord du golfe de Finlande, est construite sur des rochers de granit. — C'est le port militaire le plus fort de l'empire russe. — Il est entouré de sept citadelles, reliées entre elles par des digues fortifiées. Cronstadt est plus vaste, mais Sweaborg est plus fort, c'est pourquoi de grandes quantités de munitions de guerre y avaient été amoncelées.

Le bombardement de Sweaborg commença le 9 août; il dura quarante-huit heures; dans une seule journée, les bâtiments français lancèrent sur la place plus de dix mille bombes.

Les alliés ne perdirent qu'un seul homme et ils détruisirent à l'ennemi une valeur d'environ vingt-cinq millions.

La nouvelle des succès remportés à Sweaborg coïncida avec le séjour de la reine d'Angleterre en France et commença à justifier cette inscription qui se lisait en latin sur une maison parisienne :

«Reine d'Angleterre, Victoria, tu parais; puisse avec toi, Dieu aidant, nous venir la victoire tant désirée. »

Ces paroles furent prophétiques, car bientôt l'on apprit la victoire remportée sur les rives de la Tchernaïa.

Depuis le 25 mai, une partie des forces alliées occupait, sur les bords de cette rivière, des positions excellentes. Les divisions françaises étaient établies sur les deux mamelons appelés monts fédiouchine et le long des escarpements du plateau de Sébastopol.

Une division turque campait sur le mamelon d'Alson. L'armée piémontaise se tenait sur la montagne de Hasfort.

Le 16 août vers quatre heures du matin le cri : Aux armes ! retentit à l'improviste dans les camps de la Tchernaïa.

Écoutez un ordre du jour qui célèbre cette victoire :

Soldats !

« Cette affaire, où les Russes ont perdu plus de 6,000 hommes, plusieurs généraux, et laissé entre nos mains plus de 2,200 blessés ou prisonniers, et leur matériel, préparé de longue main pour le passage de la rivière, fait le plus grand honneur au général Herbillon, qui commandait les lignes de la Tchernaïa, et à sa division. Les divisions Camou et Faucheux ont été à la hauteur de leur vieille réputation. Les généraux de brigade, de Failly surtout, Clerc et Wimpffen, les colonels Douay, Polhés, Danner et Castagny, ont droit à la reconnaissance de l'armée.

« Je ne puis nommer ici tous les émules de leur valeur; mais je dois signaler particulièrement l'habile direction que le colonel Forgeot a imprimée à nos énergiques canonniers, la brillante conduite de l'artillerie de la garde impériale et des divisions. Une batterie de position anglaise, du sommet qui domine Tchernaïa, nous a puissamment aidés à décider le mouvement de retraite de l'ennemi, sans engager nos réserves. Les Turcs, débarrassés d'une fausse attaque, nous ont apporté l'appui de six bataillons et d'une batterie. La cavalerie anglaise était prête, avec des escadrons sardes, à seconder les braves chasseurs d'Afrique du général Morris, si la poursuite de l'ennemi eût pu ajouter utilement au succès.

Mais je n'ai pas perdu de vue notre grande entreprise, et j'ai voulu ménager votre sang, après avoir obtenu un résultat qui consacre une fois de plus notre supériorité sur cette infanterie si vantée, qui vous présage de nouvelles victoires, et augmente vos droits à la reconnaissance du pays.

» Au grand quartier général, devant Sébastopol, le 17 août 1855.

« *Le général en chef,*

« A. PÉLISSIER. »

CHAPITRE XXIV.

—

Nous voici, Mesdames, arrivées au moment solennel. Le 8 septembre fut une immortelle journée pour la France. Écoutez parler le général Pélissier :

A midi juste, les divisions Mac-Mahon. La Motterouge et Dulac, électrisées par leurs chefs, s'élancent contre Malakoff, la courtine et le petit redan du Carénage. Après des difficultés de franchissement inouïes, et une lutte corps à corps des plus émouvantes, la division Mac-Mahon parvient à se loger dans la partie antérieure de Malakoff. L'ennemi faisait pleuvoir sur nos braves troupes une grêle de projectiles de toute nature; le redan du Carénage surtout, battu par la maison en croix et les bateaux à vapeur, avait dû être évacué après son occupation; mais la division La Motterouge tenait bon sur une partie de la courtine, et la division Mac-Mahon gagnait du terrain dans Malakoff, où le général Bosquet dirigeait incessamment les réserves dont je pressais l'arrivée.

Les autres attaques étaient subordonnées à celle de Malakoff, point capital des défenses de toute la place.

De la redoute Brancion, où j'étais établi, je jugeai que Malakoff resterait en notre pouvoir, et je donnai le signal convenu avec le général Simpson.

Aussitôt les Anglais se portèrent bravement contre le saillant du grand Redan; ils parvinrent à s'y loger et luttèrent longtemps pour s'y maintenir; mais accablés par les réserves russes, qui ne cessaient de s'avancer, et par un feu violent d'artillerie, ils durent se replier dans leurs parallèles.

Au même signal, le général de Salles avait fait attaquer le bastion Central. La division Levaillant avait commencé à s'y établir, ainsi que dans la lunette de droite, lorsque, à un feu de mitraille excessif, succéda l'arrivée de renforts russes tellement considérables, que nos troupes, décimées par le feu, et dont les chefs étaient hors de combat, furent forcées de rentrer dans les places d'armes d'où elles étaient parties.

Convaincu que la prise de Malakoff devait décider du succès, j'empêchai le renouvellement des autres attaques, qui, en retenant l'armée ennemie sur tous les points de sa vaste enceinte, avaient déjà rempli leur principal objet, et je concentrai toute mon attention sur la possession de Malakoff, dont le général de Mac-Mahon avait pu s'emparer complétement. Un moment de crise, du reste, se préparait.

Le général Bosquet venait d'être atteint par un gros éclat de bombe, et j'avais dû donner son commandement au général Dulac. Un magasin à poudre de la courtine voisine de Malakoff venait de sauter, et m'avait fait appréhender les plus graves conséquences.

Les Russes, espérant profiter de cet accident, s'avançaient en masses profondes et attaquaient en trois colonnes le centre, la gauche et la droite de Malakoff. Mais les dispositions avaient pu déjà être prises à l'intérieur de l'ouvrage; le général de Mac-Mahon disposait, pour le défendre, de troupes intrépides que rien n'étonne, et, après des efforts désespérés, les Russes se virent contraints de battre en retraite. A partir de ce moment, ils renoncèrent à toute tentative offensive. Malakoff était à nous et ne pouvait plus nous être enlevé. Il était quatre heures et demie.

Des mesures furent prises aussitôt pour nous mettre en état de repousser l'ennemi, s'il tentait contre nous une attaque nocturne. Mais nous fûmes bientôt tirés d'incertitude. Dès que la nuit commença, des incendies se propagèrent de tous côtés; des mines faisaient explosion, des magasins de poudre sautaient dans les airs; le spectacle de Sébastopol en flammes, que toute l'armée contemplait, est un des tableaux les plus imposants et les plus sinistres qu'ait pu présenter l'histoire des guerres. L'ennemi était en pleine évacuation; elle s'est opérée pendant la nuit, à l'aide du pont établi entre les deux rives de la rade et à l'abri des explosions successives qui m'ont empêché de m'approcher de lui pour le harceler. Le 9 au matin, toute la partie sud de la ville était dégagée et en notre pouvoir.

Je n'ai pas besoin de faire ressortir aux yeux de Votre Excellence l'importance d'un pareil succès. Je n'ai pas besoin, non plus, de parler de cette brave armée dont les vertus guerrières et le dévouement sont si bien appréciés par notre Empereur, et j'aurai, bien que le nombre en soit grand, à vous citer ceux qui se sont distingués parmi tant de valeureux soldats. Je ne puis encore le faire, mais je remplirai ce devoir dans une de mes prochaines dépêches.

Nos pertes sont de 5 généraux tués, 4 blessés et 6 contusionnés ; 24 officiers supérieurs tués, 20 blessés et 2 disparus ; 116 officiers subalternes tués, 224 blessés, 8 disparus, et 1,489 sous-officiers et soldats tués, 4,259 blessés et 1,400 disparus : total, 7,551.

Comme vous le voyez, monsieur le maréchal, ces pertes sont nombreuses; beaucoup d'entre elles bien regrettables ; mais elles sont moins grandes encore que je ne pouvais le craindre.

Tout le monde, monsieur le maréchal, depuis le général jusqu'au soldat, a fait glorieusement son devoir, et l'armée, dont l'Empereur peut être fier, a bien mérité de la patrie.

Veuillez agréer, M. le maréchal, l'expression de mon respectueux dévouement.

Le général en chef, PÉLISSIER.

On découvrit un câble aboutissant à une énorme poudrière pratiquée sous le Redan. — Le fil se prolongeait à travers la ville jusqu'à la mer où il plongeait pour aller rejoindre l'autre rive, d'où devait partir l'étincelle électrique destinée à embrâser le volcan. — Les derniers soldats n'avaient pas encore évacué la ville que les forts sautèrent, le Carénage, le bastion du Mât, le bastion Central, les forts de la baie, les arsenaux, les docks, les principaux édifices s'écroulaient sous l'action combinée des bombes, de l'incendie et des mines.

Seuls le Redan et Malakoff restaient debout. Le Redan, sauvé par un sapeur mineur. — Malakoff préservé par une bombe, qui, conduite par la Providence, avait coupé en deux le principal fil électrique.

Le 8, écrivait un officier, les zouaves de la garde arrivaient en position à quelques mètres en avant de Malakoff, après avoir perdu une dizaine d'hommes coupés par des boulets. Le signal de l'assaut est donné, les volontaires courent en avant avec les échelles et les ponts. La 1re division se lance (division Mac-Mahon), 1er régiment de zouaves, 1er bataillon de chasseurs, 20e de ligne. Toutes les premières difficultés sont franchies au milieu des hurrahs! on pousse en avant, on bat en retraite, on revient à la charge et l'on repousse les Russes jusqu'au bas de la ville; mais on voit aussitôt leurs fortes réserves qui arrivent au pas de course et massées pour reprendre leur position. Notre première division est décimée et se replie devant le nombre; c'est alors que le général Mac-Mahon lance nos deux bataillons pour aller défendre notre drapeau, qui flotte déjà sur la tour. Nos vieux zouaves poussent leurs cris de guerre hâ! hâ! hô!... et s'élancent sur la brêche encombrée d'un monceau de cadavres. Nous passons au pas de course les profonds fossés de Malakoff sur de petits ponts vacillants dont quelques uns sont déjà cassés. A droite et à gauche de l'embrâsure qui fait brêche, sont couchés une quarantaine de clairons et de tambours qui sonnent et battent la charge à tour de bras. Nous arrivons dans ce labyrinthe où la fumée empêche de voir devant soi ; le bruit du feu de mousqueterie et des canons empêche d'en'endre les commandements. On n'entend que les cris des hommes qui tombent à droite et à gauche de vous. Au bout d'un instant, il y a un pêle-mêle effrayant de ceux qui vont en avant, de ceux qui battent en retraite et de tous les blessés qui courent dans toutes les directions. »

Les Russes ne se tenaient pas pour battus. Ils reviennent à la charge et veulent reprendre Malakoff. — Alors s'établit un combat acharné de mousqueterie. Les Russes, dominés par une batterie qui tirait au-dessus de leurs têtes, recevaient à bout portant nos pauvres soldats décimés déjà par une pluie de bombes et d'obus. — Le général de Marolles lutte à la tête de ses grenadiers, il tombe percé de mille balles.

Le général de Saint-Pol est atteint d'une balle en pleine poitrine. Le général de Pontives en reçoit deux qui lui traversent le cœur, tandis qu'un éclat d'obus lui fracasse l'épaule. — Plus loin, on aperçoit les généraux Breton et Rivet, qui tombent en criant : *Vive la France* ! — La lutte durait toujours, et les généraux Besson et Constant payaient de leur vie un noble tribut à la patrie. — Le général Bosquet avait eu l'épaule brisée par un biscaïen. —Un jeune commandant, le sabre en l'air, s'écriait : En avant ! Au même moment il tombait frappé d'une balle, et l'on se rappelait ces paroles de son chef : « Cornulier est un homme exceptionel ; s'il n'est pas tué ici c'est un homme qui marquera en France. »

Puis le jeune Henry de Ligniville, capitaine du 1er zouaves, s'élançant à l'assaut et tombant en s'écriant : Ma mère ! mon frère !

Avant la bataille, en face du terrible combat qui allait commencer ; nos soldats pensaient à la patrie, chacun échangeait des lettres préparées pour sa famille, puis on serrait la main de son ami, on lui donnait l'accolade du chevalier mourant.

— « Je n'ai que cinq minutes, je vous les donne, écrivait le commandant de Lacontric ; je ne veux pas que vous soyez sans nouvelles de notre sincère ami. Au cas où Dieu m'appellerait à lui, priez pour mon âme et consolez ma pauvre femme. »

— « J'ai pleine confiance en Dieu, dit à son tour le colonel Dupuis, en s'adressant à son frère, mais en t'écrivant j'ai voulu te prouver que jusqu'à mon dernier soupir je penserai à toi. » — « Je te serre la main s'écriait un capitaine, je te serre la main, mon frère, en te disant une dernière fois que je t'aime... Vive la France ! il faut que notre aigle plane aujourd'hui sur Sébastopol ! »

Après la prise de la tou Malakoff, les Russes évacuèrent Sébastopol, et les Français. Anglais et Piémontais firent irruption dans la ville conquise.

Ils y trouvèrent des ruines et des débris.
— Le squelette d'une grande cité et les
derniers vestiges d'une lutte acharnée. —
Le terrain de la ville est aussi accidenté
que le sont ses abords. — On n'y rencontre que des ravins qu'il faut monter ou
descendre sans cesse. On voyait nos soldats aller et venir dans Sébastopol, c'était
une incessante procession d'uniformes de
toutes les armes. — Les maisons furent
vite déménagées ; les lits, les matelas, les
chaises défilèrent promptement par le ravin de la Karabelnaïa. Des ordres sévères
vinrent mettre ordre à ces promenades...
mais comme les animaux furent exceptés,
on vit passer beaucoup de chiens et de
volailles. — Nos pauvres soldats méritaient
bien d'avoir, la poule au pot.... Ils parcouraient Sébastopol en tous sens. Plusieurs
visitèrent cette fameuse maison Verte, qui
fut si souvent le point de mire de nos artil-
leurs ; et au lieu d'être la demeure du
général en chef, il se trouva que la maison
Verte, était un paisible pensionnat de

jeunes filles depuis longtemps abandonné :

Nos braves zouaves se livraient à mille facéties ; l'un d'eux écrivait sur une maison sans porte : Entrez sans frapper ! D'autres tapaient sur des pianos russes, tandis que les soldats chantaient : *Plus de tranchées ! Plus de tranchées !* sur l'air *des lampions.*

Ce charmant esprit français, brave, gai et bon toujours, se manifestait à chaque instant, aussi le premier soin de nos soldats, fut-il d'arracher aux décombres les blessés russes qui s'y trouvaient entassés. Hélas! les nôtres étaient nombreux et les ambulances présentaient un coup d'œil déchirant. Mais nos pauvres blessés surmontaient leurs souffrances avec un admirable courage. L'un d'eux avait les deux bras cassés. — Ils ne tenaient plus que par un lambeau de chair et il disait au médecin : — « Soignez mon camarade avant moi, il souffre davantage. » — Un autre récitait tout haut le *Pater Noster* pendant que l'on l'amputait. — Plusieurs demandaient que l'on écrive à leur mère ! — En allant à l'ambulance dans la nuit du 8 septembre, des blessés, oubliant leurs souffrances, demeurèrent jusqu'au jour sur le bord du ravin, pour apercevoir Sébastopol conquis.

Un sergent d'infanterie, porté sur un brancard, se fit mettre à terre, le corps appuyé sur une pierre, et la figure tournée vers la ville. Il contempla le spectacle de l'incendie, puis se sentant mourir il rassembla ses forces pour lever son képi et crier : *Vive la France* !

Bien d'autres blessés sont morts en allant aux ambulances, écoutez la touchante lettre adressée à M. le curé de Saint-Nicolas-du-Pélem :

« MONSIEUR LE CURÉ,

« J'avais dans ma compagnie un brave et vaillant soldat de la commune dont vous êtes le digne pasteur : le caporal Corbic (Jean). Ce pauvre enfant a été tué par un éclat de bombe dans la nuit du 19 au 20 août. C'était un courageux soldat. Sa conduite pendant sa vie était sans repro-

ches, et sa mort est un exemple de résignation chrétienne. Si quelque chose doit
adoucir la douleur de ses parents de la
perte de leur fils, c'est sa fin!... Jean
Corbic est mort comme un noble enfant
de la France; sa dernière pensée a été
une prière à Dieu et peut-être aussi une
pensée à sa mère.

« Dès que Corbic fut blessé, je le fis
emporter pour lui faire donner des soins
à l'ambulance; mais chemin faisant, il se
sentit mourir. Aussitôt il fit signe aux
hommes qui le portaient de le poser à
terre; puis il leur dit : « Mettez-moi à
genoux. » Dans cette position humble,
comme il convient quand il faut prier
Dieu, il fit une courte prière, se fit remettre
sur le brancard et dit à ses camarades ·
« Maintenant je puis mourir. » En arrivant à l'ambulance, Corbic avait cessé de
vivre. »

Par cette fin chrétienne nous acheve-
rons, Mesdames, notre simple récit.

J'ai souvent regretté que la multiplicité

des faits m'ait forcée à passer sous silence un nombre infini de traits touchants et de noms héroïques. — C'est une lacune que je comblerai dans un autre récit intitulé : *Piété filiale de nos soldats.*

Nous nous réunirons donc à la prochaine fête de Saint-Louis-de-Gonzague.

Mais avant cela j'ai le désir de vous parler d'une bien heureuse nouvelle... Jusqu'ici je ne vous ai dit que des faits, dont j'étais trois fois sûre. — Aussi j'espère que vous me pardonnerez, si en finissant, j'anticipe sur l'avenir... car je veux vous faire deux *prédictions*... La première, est que le 17 janvier prochain, on recevra à Paris une dépêche ainsi conçue : ·

Vienne, 16 janvier.

« Le comte Esterhazy écrit aujourd'hui de Pétersbourg que M. Nesselrode vient de lui notifier l'acceptation pure et simple des propositions contenues dans l'ultimatum, lesquelles propositions devront servir de préliminaires de paix »

En recevant cette nouvelle, Paris sera

dans l'allégresse. — Le soir il commancera ses illuminations, et le mot de paix circulera dans la grande cité, comme un message du ciel. Aux uns, il dira : maganimité, grandeur; aux autres, prospérité abondance. — A tous, confiance et sécurité...

Alors un immense cri de joie se fera entendre... Et puisque dès aujourd'hui, je vous apporte des espérances de paix. — Je puis aussi facilement, vous *prédire*. un bien touchant spectacle.

Sur la place de la Bastille, j'aperçois des apprêts de fête. Une immense affluence et un bel arc de triomphe, élevé ; *A la gloire de l'armée d'Orient.* — Les tambours battent aux champs; des cris d'enthousiasme retentissent. On acclame les vivants et on pleure les morts — C'est le chef de l'État qui vient recevoir ses légions victorieuses.

Dans cette journée du 29 décembre 1855, la garde impériale, les 20e 39e 50e et 97e régiments d'infanterie de ligne font à Paris, leur entrée solennelle. — Des maréchaux de France, les escortent ; la population s'échelonne sur leur passage, et les écoles Polytechnique et de Saint-Cyr, viennent recevoir de glorieuses leçons.

Les drapeaux noircis de poudre, sont portés en triomphe, des vivats retentissent, les boulevards sont jonchés de fleurs... et en jetant sa couronne chacun essuie ses larmes... car les soldats de Crimée passent précédés de leurs blessés.

Alors on aperçoit de bien touchantes scènes. — Plusieurs embrassent des parents, des amis..... Et dans ces phalanges décimées, tous reconnaissent des frères et des sauveurs. La foule les suit... Parmi les acclamations répétées, l'on distingue souvent : *Vive Canrobert !* Les régiments ainsi escortés arrivent sur la place Vendôme.

Devant la colonne élevée au vainqueur de Marengo, d'Austerlitz et d'Iéna, l'Empereur Napoléon III attend ses soldats victorieux. — Bientôt le défilé commence et des héros jettent à ses pieds, les lauriers

de l'Alma, d'Inkermann et de Sébastopol!... Tandis, qu'avec une enthousiasme
indicible, tous répétent ce cri qui a fait
tomber les murailles : *Vive l'Empereur!*

Du balcon du ministère de la Justice,
S. M. l'Impératrice salue avec attendrissement tous ces braves, qui crient : *Vive
l'Impératrice!* De sa main elle serre des
couronnes, qui viennent d'être jetées aux
pieds de l'Empereur. — La santé et la
beauté rayonnent dans les yeux de Sa
Majesté. — Cependant vers la fin de mars,
un grand événement est attendu... Pour
en parler je voudrais être prophète, car
j'annoncerais..... Un fils!... Mais malheureusement, je ne suis inspirée que
par mon cœur, qui chaque jour s'élève
vers Dieu, en lui demandant que l'Auguste enfant soit heureux, et que toutes
les bénédictions du ciel descendent sur ce
berceau, l'espoir de la France!...

FIN.

TABLE DES MATIERES.

—

CHAPITRE VI.

CHAPITRE VII.

CHAPITRE VIII.

CHAPITRE IX.

CHAPITRE X.

CHAPITRE XI.

CHAPITRE XII.

FIN DU